Les grandes patries étranges

Du même auteur

Romans

Les Confessions d'un funambule, Éditions de la Table Ronde, 2007
Où la lumière s'effondre, Plon, 2016 ; Pocket, 2018
Réelle, Éditions de l'Observatoire, 2018
Avant la longue flamme rouge, Calmann-Lévy, 2020 ; J'ai lu, 2021
Prix Orange du Livre
Prix du roman historique des Rendez-vous de l'histoire de Blois
Prix du roman Coiffard
Prix des lecteurs de la ville de Brive
Les Contreforts, Calmann-Lévy, 2021 ; J'ai lu, 2023
Prix Midi

Nouvelles

Douze sales gueules, Calmann-Lévy, 2020.

Poèmes

Conversion du minotaure, Fata Morgana, 2024

Essais

Le diable est une méthode, Ovadia, 2019
La meilleure part du temps, Ovadia, 2022

Guillaume Sire

Les grandes patries étranges

roman

CALMANN LÉVY

Couverture
Maquette : Olo éditions
Illustration © David de Las Heras, 2024
ISBN 978-2-7021-8452-3

pour Octave matières
pour Romane silhouettes
pour Mahault chant général

« Parmi le cuir fin des oranges,
parmi des massacres d'oignons,
je touche, absurdes compagnons,
aux grandes patries étranges. »

Benjamin FONDANE

Prologue

Une langue maternelle

« Je propose à chacun l'ouverture de trappes intérieures, un voyage dans l'épaisseur des choses… »

Francis Ponge, *Proêmes*

En voyant briller dans les yeux de son fils une étincelle comme d'un tesson rouge et sombre, Thérèse eut un pressentiment.

Quelques heures plus tôt, Joseph avait défait un dictionnaire par le dos. La veille, il avait planté ses dents dans le journal, et le poison contenu dans l'encre lui était monté à la tête. À chaque jour son épisode. Un dimanche, il avait cousu un livre de cuisine à une cuisse de poulet. Il prétendait que « quelqu'un » parlait quand il parlait. Il essayait de se blesser avec tout ce qui passait à sa portée : le bois, la terre, la corde, les draps, le fer, la paille, le verre, la crème, les clous, le velours, les fleurs. Si Thérèse le prenait en train de s'étouffer avec une boule de paraffine, ou bien à s'écorcher les mains sur des barbelés en prétextant que c'était pour « comprendre », elle le serrait dans ses bras, le suppliait d'arrêter, et dans son cœur elle reprochait à Dieu de lui avoir donné cet enfant différent des autres.

— Tout est bien, mon garçon. Il n'y a rien à comprendre.

Seul Emmanuel parvenait à calmer Joseph. Chaque soir, lorsqu'il apercevait son père par la fenêtre, le garçon arrêtait de mordre, de lécher, d'écraser, de griffer. La nuit, réveillé par quelque cauchemar, il n'avait qu'à se figurer son père allongé dans la pièce à côté pour se rendormir aussitôt. Il voulait devenir un adulte comme lui, travailler à la conserverie, avoir les mêmes mains veineuses, douces, écaillées, avoir son visage, la même moustache – la même épouse évidemment –, la même voix.

Puis Emmanuel fut appelé dans la guerre. Il jura à Joseph que cela ne durerait pas. « Je pars pour te protéger, j'y vais parce que je vous aime. »

— Apprends-moi les phrases, maman.

C'est une bonne chose, n'est-ce pas, d'apprendre à lire ? Un analphabète en 1915 c'est un morceau de viande pour la mine ou l'usine, la mort garantie, alors qu'un gamin qui sait lire fera des études de droit, deviendra huissier ou agent d'administration. Et puis, un enfant dont le papa est à la guerre : quoi lui refuser ? Un gentil garçon qui tourne autour de la bibliothèque, et tout à coup demande à lire…

Pourtant, si elle avait su – si Thérèse avait su à quel point la lecture allait nourrir dans l'âme de son fils ce penchant qui le menait à toutes les flaques pisseuses pour les boire, et dans les étages des jardins, à sillonner la terre, sucer les bulbes, à s'irriter le sang dans les orties ; si elle avait su comment le langage allait prendre corps en lui, comme une plante qui détruit une autre plante en lui poussant à l'intérieur ; et si elle avait su pour les guérilleros et le trafic d'armes, pour Coblence sous la neige, pour les bombes, l'amour sans cesse contesté, l'enfer du *Lutetia*, toute cette histoire que nous nous apprêtons à raconter –, jamais elle n'aurait pris Joseph sur ses genoux pour lui apprendre à lire : elle aurait plus volontiers brûlé la bibliothèque et interdit à son fils de remettre les pieds à l'école.

— Je m'ennuie, maman. J'ai peur.

Est-ce que c'est dangereux de savoir lire ? Elle hésitait. Puis Joseph lui dit que si Emmanuel envoyait une lettre, il aimerait pouvoir la lire lui-même.

— Oh, mon chéri, mon pauvre petit garçon… Bien sûr que je vais t'apprendre.

Les jours suivants, elle éclaira les lettres sur les cahiers. L'enfant dessinait des mots sur les murs de sa chambre.

L'hiver vint. La neige transforma Toulouse en page blanche. Malgré le froid, Joseph passait des heures au pied de l'immeuble, à guetter le facteur et les phrases héroïques.

La neige, finalement, a fondu, puis le facteur est arrivé sur sa bicyclette, sa bicyclette maudite…

Elles sont venues, les phrases.

I

La maladie des choses

« Sur toutes choses périssables, sur toutes choses saisissables, parmi le monde entier des choses… »

Saint-John Perse, *Vents*

Ce jour-là, le ciel était blanc, blanc cassé, indémêlable. Le facteur avait du mal à manœuvrer. Ce n'était pas l'homme habituel. Joseph lui trouva un visage curieux. L'enveloppe sentait le foin et la cire à cacheter. Elle avait transité avec du matériel alimentaire dans un hangar en bord de Marne. Joseph se figura les champs de betteraves et les lacets d'eau au milieu des moutons gris. Le papier résistait : fléchissement sur le tiers, manque de grammage au rabat, rognures de cinabre, hésitations, taches concentriques. Thérèse avait prié le Seigneur Dieu pendant un million d'années (en réalité moins d'une seule : onze mois) pour que ces phrases, si jamais elles devaient parler d'Emmanuel, s'égarent au fond d'un sac à grains à Charleroux, ou bien qu'elles brûlent dans l'incendie d'un entrepôt à Saint-Maur ; prié pour que le facteur à moitié débile, réformé par compassion gouvernementale, se casse une jambe dans un accident de bicyclette, fracture ouverte, la plaie en zigzag, les os en confettis dans les chairs au soleil.

— Je préfère pas savoir.

Pour elle, c'était logique. Sait-on ce que ça attache, un baiser comme ceux d'Emmanuel ? Sait-on ce que ça brise dans une âme comme celle de Thérèse ?

— Je l'aime, je préfère pas savoir.

« Tant qu'on ne sait pas, c'est comme s'il ne s'était rien passé », disait la voisine Mme Grandin, dont le mari clerc de notaire s'absentait pour de tout autres raisons que celles qui avaient poussé Emmanuel Portedor à quitter Thérèse et Joseph.

Emmanuel avait tiré Thérèse de son nid de misère. Le jour de leur mariage, ils étaient beaux, ils étaient immortels sous des cerceaux de fleurs.

Hélas, le facteur est arrivé. Il est arrivé sur sa bicyclette maudite et avec lui cette lettre qui sentait le médicament et l'avoine.

Thérèse décacheta l'enveloppe. Elle regardait les mots, abêtie face à eux.

Joseph déchiffra :

Nous avons l'immense regret de vous annoncer que le lieutenant Emmanuel Portedor est tombé au champ d'honneur, tué par balle entre Prosnes et Aubérive, sur l'Épine de Védégrange.

C'était novembre 1915.

Thérèse scruta les phrases longtemps. Ses tempes pressaient l'oreille interne. La partie la plus légère de son sang embrumait le cerveau. Les capillaires sous sa peau se nouaient, pendant qu'au fond de son âme une créature communément appelée « instinct maternel » recroquevillait les orteils, ce qui empêcha dans son cœur d'advenir une certitude qui tenait à la fois à la mort et à la vie.

Elle se jeta dans l'armoire d'Emmanuel. Elle se noya dans ses écharpes. Au milieu des gilets, des pantalons de toile et des maillots de corps, elle décrocha la jaquette de leur mariage et roula avec sur le lit. Elle se tordait, elle étouffait.

Joseph se fourra dans un coin, accroupi comme un petit singe. Des larmes brûlantes lui coulaient par le nez. Son père, c'était une montagne ; personne ne pouvait l'avoir tué, aucun Allemand, aucune bombe. L'enfant en voulait aux autres, ceux qui avaient encore un père, et dont la mère ne roulait pas dans un vêtement d'homme. Il souhaitait que les enfants de la Terre meurent dans des souffrances fantastiques.

Plusieurs fois, il eut une pensée absurde et terrible : si sa mère ne lui avait pas appris à lire, son père ne serait pas mort. Trop absurde pour être vraie, trop terrible pour ne pas l'être au moins un peu.

En quelques heures, l'absence du lieutenant céda la place à la présence tranchante d'un fantôme. Pour s'en débarrasser, Joseph eut recours à une expérience que tous les enfants connaissent. Il s'agit de répéter un mot jusqu'à liquéfaction : table, table, tab-leu, ta-bleu-ta, bleu tas, bleu, tab, leu ; ainsi le lien est rompu entre le mot et la chose, on ne sait plus ce qu'on dit, et c'est comme si on interdisait à la chose d'avoir jamais existé. Joseph lut la lettre des centaines de milliers de fois à voix haute. Il criait, pleurait, chuchotait. Thérèse la lui arrachait des mains pour la planquer quelque part, mais il la retrouvait toujours. Il la désapprenait par cœur.

Thérèse ouvrait une bouteille de vin, puis une autre, et encore une autre. La première journée, cinq. La deuxième, six. Les gens disaient qu'elle avait sombré dans les ténèbres. « La Ténèbre », hululait Mme Grandin en exorbitant ses yeux de rhinocéros.

L'épouse du lieutenant Portedor dansait en jaquette devant son miroir tandis que, dans sa chambre, du matin au soir, Joseph torturait ses chevaux de bois : le dernier cadeau de son père. Pan le garrot, pan les pattes arrière, sois un bon cheval, comme ça, les yeux, les flancs... Pan, je vous déteste, je vous crève. Adieu, jouets de l'enfer !

Un jour, il lut cette phrase dans un livre de contes : « Quand on aime quelqu'un, on veille sur lui. » Quelques pages plus loin, le chevalier à la rose disait à la princesse : « Je t'aime. Je t'ai toujours aimée. Tu ne mourras pas. » « J'y vais parce que je vous aime, avait dit Emmanuel, je pars pour te protéger », et il n'était pas revenu. Joseph en conclut qu'il ne les aimait peut-être pas autant qu'il l'avait prétendu.

Un matin de février, en entendant sous les cyprès-totems le livreur de lait et la roue voilée d'une automobile, Joseph décréta qu'il avait assez lu la lettre comme ça. Fausse piste : on ne peut vider des phrases de leur sens quand elles n'en avaient pas au départ. C'est le bruit du camion de lait qui lui fit penser ça, ainsi que la roue voilée de l'automobile d'Alfred Damloup, qui rendait visite à Mme Grandin tandis que le clerc son mari était « Dieu seul savait où ». Joseph venait de réaliser que ces choses (le camion, la roue) et les autres (les arbres, les poissons de vase, les petites poussières vibrionnant dans les rayons du soleil, les chats) seraient là d'une manière ou d'une autre alors qu'Emmanuel, lui, n'y était plus, et que tout cela, la vie, hein, n'avait aucune espèce de signification.

Thérèse aussi le réalisa. Elle but trois bouteilles ce jour-là, avant midi. Elle jeta écharpes, cravates, gilets, pantalons, puis brûla la jaquette. Elle cria et essaya de la tirer du feu, mais trop tard. Elle hurla de douleur. Les paumes de ses mains avaient fondu. Le médecin lui prescrivit des crèmes grasses et constata qu'elle avait partiellement perdu le toucher.

Voilà.

À compter de ce jour, si quelqu'un évoquait la mort de son mari, Thérèse s'empressait de prétendre qu'elle était « remise » et qu'il n'était pas question de s'arrêter de vivre sous prétexte que d'autres l'avaient fait ; mais dans ces moments, Joseph devinait sous ses yeux les larmes. La haine labourait ses plaies. Thérèse pleurait la nuit. Elle pleurait vers l'intérieur, tandis qu'il jurait de la venger. Il casserait les Pyrénées s'il le fallait. Il décapiterait des kaisers à fourrure et incendierait Aix-la-Chapelle.

— Maman, je te vengerai.

Il disait cette phrase de tout son cœur sanguinolent. Tout est bien. Il n'y a rien à comprendre. « Je t'aime. Tu ne mourras pas. »

C'était dix heures du matin : Thérèse buvait.

— Oh, mon chéri, mon pauvre petit garçon…

— Je te vengerai, et je vengerai papa.

Les parents de Thérèse étaient morts dans un accident de chemin de fer en 1907. Elle avait quatorze ans. Elle demanda à Dieu de les lui rendre, et comme Il ne fit rien, elle pensa qu'ils l'avaient mérité. Cette pensée transforma son chagrin en rancœur non pas envers ses parents ou Dieu, mais envers les juifs qui avaient financé le chemin de fer et la locomotive. Elle fut renvoyée de trois foyers. Catholique autant qu'on peut l'être, elle devint hargneuse à la prière. Les juifs n'avaient-ils pas condamné Jésus ? Puis contre toute attente, trois ans après la mort de ses parents, dans un café de la rue de Rémusat, elle rencontra un homme gentil ; il avait des bras puissants comme de vieilles branches, des cheveux qu'on aurait dits passés à la flamme, un nez grand-duché et des oreilles épanouies – et il la regardait, et il avançait droit sur elle.

— Je m'appelle Emmanuel, cela veut dire « Dieu avec nous ». J'ai vingt ans, je voudrais vous raccompagner.

Malgré la réticence de ses parents, Emmanuel Portedor la demanda en mariage après six mois d'amour fou, et l'épousa à Notre-Dame de la Dalbade.

Il fut sa paix. Son envie de faire.

Puis il mourut, et les Portedor firent comprendre à Thérèse qu'ils ne se sentaient pas le moins du monde concernés par son sort.

— Après tout, il ne vous a connue que trois ans.

— Mais, et l'enfant !

La belle-mère eut une phrase inoubliable :

— Emmanuel était à Paris pour le travail lorsque votre ventre...

Thérèse tint à garder son nom de femme mariée et à le donner à son fils, car ce nom était tout ce qui leur restait, et ce n'était pas rien. Elle avait jeté les affaires d'Emmanuel aux ordures, brûlé sa jaquette, son odeur avait disparu – son odeur de pierre plate, de bois –, mais il y avait ce nom qu'on pouvait écrire sur des cartes de visite, sur le marbre d'une tombe, sur les croix des chemins, dans le sable et les cendres, dans l'air vide : « Portedor » – et ce n'était pas rien.

Elle avait investi l'héritage de ses parents dans la conserverie d'Emmanuel. Il lui avait promis les domestiques, le voyage à Venise, bientôt une maison à volets. Faut dire qu'il avait des techniques. Il connaissait les économies d'échelle. Mais il était mort. La conserverie fut réquisitionnée, l'associé emporté à son tour, émietté par un canon, et le cousin de l'associé se tira en Argentine avec la caisse, laissant Thérèse sans avoir, avec seulement un nom. Un nom et un fils. La logeuse de la rue Ozenne, Mme François, n'en avait rien à foutre des veuves spoliées par des mutins, chacun son traîneau, c'est ce qu'elle dit, chacun ses chiens. Thérèse et Joseph devaient quitter l'appartement sous trois mois.

— Mon chéri, il faut partir.

— Je tuerai Mme François. Elle déménagera.

— Les événements doivent nous trouver au-dessus d'eux.

— Je volerai des poules aux jésuites de la rue des Fleurs. Je les vendrai derrière la halle, aux Aveyronnais.

— Il faut déménager.

— Papa, s'il nous cherchait...

— Il ne reviendra pas.

Thérèse loua un trois pièces au deuxième étage d'un immeuble d'ouvriers, rue du Pont-de-Tounis, sur une île où les *Domini canes* avaient coutume, à la Renaissance, de brûler les sorcières, c'est-à-dire les femmes rousses.

La première fois qu'elle y emmena Joseph, elle prétexta une promenade.

— Nous allons sur une île.

— En bateau, comme dans les livres ?

— Nous irons à pied.

Ils marchèrent vers la place des Carmes, puis par la rue des Polinaires, jusqu'à la Dalbade, où Thérèse et Emmanuel s'étaient juré fidélité.

— Maman, tu pleures.

— Je ne pleure pas.

— Ces larmes...

— Les mères ne pleurent pas.

— Tu devrais boire, je ne t'en voudrai pas.

Joseph eut une impression à la fois inquiétante et familière. Il leva les yeux vers le tympan de la Dalbade qui figurait le couronnement de la Vierge et que surmontait une flèche de quatre-vingt-trois mètres, flanquée de tourelles d'angle et de clochetons dont l'ombre planait sur les environs comme d'un phare disproportionné. Il lâcha la main de sa mère et pénétra dans l'édifice. Dedans, c'était blanc, vide, une église. Jésus mourait sur la Croix. Un prêtre se tenait là.

— Que t'arrive-t-il ?

— Je cherche mon père.

— Il est là.

L'abbé montra le tabernacle.

— Je cherche celui qui est mort. Il s'appelle Emmanuel, cela veut dire « Dieu avec nous ».

Thérèse l'avait suivi.

— Vous êtes sa mère ?

— Thérèse Portedor.

— Je suis le père André, j'ai entendu parler de vous. J'habite au numéro six, moi aussi, au troisième étage. Nous serons voisins.

Il se pencha vers Joseph.

— Ta mère t'a-t-elle fait visiter ta nouvelle chambre ? De ta fenêtre, tu verras le clocher.

— Maman, est-ce que c'est vrai ?

Elle mentit.

— Rien n'est encore décidé.

— Je veux habiter là.

— Hier, tu disais que…

Il était sûr.

— Vous serez heureux, dit le curé. Je vous aiderai.

— C'est bien gentil, mon père, mais nous savons nous débrouiller.

Au pied de la Dalbade habitait un couple de boulangers, Pascal et Anne Denax, avec leur fils Michel. En les apercevant, occupés à charger des boules de pain sur la charrette d'un marchand, Joseph pensa que Dieu leur avait confié une mission particulière. Grâce à eux se répandaient des fragrances de froment, de crème pâtissière, de brioche, de pâte à l'œuf et de noix torréfiées. L'île se mangeait.

Le reste du quartier était concrétion sans ordre de maisons de pauvres et d'immeubles en dents creuses. De minuscules fleurs ivoire poussaient sous les alinéas de ciment. Certains ouvriers s'étaient bricolé des terrasses sur des arcs de fer. Une façade aux fenêtres considérables, ornée de motifs babyloniens, s'élevait par-dessus les autres : les anciens bains de la Samaritaine, reconvertis sous Jules Ferry en école de filles. Un escalier s'y appuyait, emprunté du lundi au vendredi par une ribambelle d'écolières, chaussures à la main, qui s'en allaient tremper leurs orteils dans la petite eau saumâtre de la Garonnette. Joseph passa plusieurs heures ce jour-là à contempler ces saynètes depuis la fenêtre de sa nouvelle chambre, et à rêver en voyant ballotter le linge des tancarvilles ainsi que de longs draps parme, comme si quelque personnalité secrète avait exercé là un luxe prohibé. Sur le quai, les marchands à la sauvette dépliaient leurs tombereaux de chiffons et de morceaux de bois rafistolés, et avec eux rempailleuses, braconniers, vendeurs d'images. Très loin, on distinguait une phrase écrite à l'encre blanche sur une bande bleue : la chaîne des Pyrénées.

L'appartement était dans un état désastreux. Les solives émettaient des ronflements. Les mérules suceuses d'eau de pluie grossissaient entre la brique et la chaux froide. Le plâtre se déplaçait sous des cartographies humides. La chaux, c'était du sable. Tout craquait.

Une dame surnommée dans le quartier « la chourette » passait ses journées sur le trottoir, assise sur un tabouret de fermière, sept chats aveugles fourrés dans l'enfer de sa jupe. Son mari amputé à Arras refusait de sortir de leur cahute sise plus haut, rue des Paradoux, dans le chaume, dans les tomettes roses. Thérèse était terrifiée à l'idée de finir comme cette pauvre femme. À ses yeux, il s'agissait d'une espèce de présage. La misère la rattraperait, et avec elle la colère, l'ennui, le ressentiment. Si elle ne trouvait pas un travail au plus vite, elle serait bientôt sale comme la chourette, et folle, détruite par le vin, incapable de s'occuper de son fils. Hélas, les filles mères, on ne les embauchait pas – pour elles, c'était soit un travail d'homme, soit l'indigence. Thérèse avait payé les deux premiers loyers à leur arrivée, mais les deux suivants, impossible. Deux mois de retard déjà. Elle buvait. Ah ça, elle buvait.

Ancien joueur de rugby, capable de soulever d'un bras une caisse de douze, le père André avait fait la guerre deux ans, puis avait été réformé après un coup de baïonnette à la carotide. Joseph le regardait avec stupéfaction quand le dimanche, à l'office, il brandissait devant l'autel un grand livre relié d'or, dont les mots avaient créé le monde.

Thérèse avait fait baptiser et communier Joseph le jour de l'enterrement d'Emmanuel. « Pour que tu manges le Père », avait-elle dit en guise d'explication. Joseph croyait en Dieu, seulement il n'était pas sûr de l'aimer. C'est difficile d'aimer quelqu'un qu'on mange le jour où quelqu'un qu'on aime a disparu.

Le père André ne voulait pas vivre au presbytère, où étaient logés d'autres prêtres qui selon lui « s'écoutaient prier ». Chaque fois que Joseph apercevait, dans les poils drus de sa gorge, les cicatrices sur sa pomme d'Adam suturée au fil antibiotique, il ressentait les plaies dans sa propre chair.

Le propriétaire de l'appartement, M. Baritou, confia au prêtre que Thérèse avait deux mois d'arriérés et qu'il ne tarderait pas à lui demander de vider les lieux. L'abbé versa la somme sur-le-champ. Il n'en dit rien à Thérèse. Ce fut Mme Baritou qui lui révéla quelques semaines plus tard ce que l'homme de Dieu avait fait pour elle, tout en la pressant de trouver un emploi. « Ça me gênerait de devoir changer la serrure, pour le petit, vraiment, ça me gênerait… »

Thérèse alla trouver l'abbé.

— Vous n'auriez pas dû.

Elle puait le vin.

— Vous me rembourserez.

— Vous savez que non. Je ne pourrai pas. Je ne pourrai jamais.

Dans la rue, la chourette jouait du tambour sur un seau de fer.

— Vous me rembourserez quand vous aurez du travail.

— Personne ne voudra m'embaucher.

— J'ai parlé de vous à une amie. Elle est d'accord pour vous rencontrer.

— Elle me prendrait ?

— La décision lui appartient. En revanche, je tiens à vous prévenir que le cadre est un peu, disons, particulier.

— Vous me faites peur.

— Je ne suis pas maquereau…

— Ah !

— Cependant…

— Pour le petit, je le ferai.

— La dame, mon amie…

— Elle engagerait une fille mère : est-ce vrai ?

— Elle ne fait rien comme les autres. On la surnomme « la Cardinale ».

Quelques semaines après Thérèse et Joseph, ce fut au tour d'Igor et Sofia Halbron d'emménager rue du Pont-de-Tounis, avec leur fille Anima, dans l'appartement du premier étage. La fille avait trois ans de plus que Joseph. Elle savait lire. Elle jouait du piano. Au moment de hisser le quart-de-queue dans la cage d'escalier, Igor hurla sur les déménageurs. « Un piano, c'est un peuple, ça se cogne pas aux murs, un peuple ! » Pascal Denax, le boulanger, prêta main-forte. Le père André avait un diable.

Lorsque Joseph vit la fille des Halbron pour la première fois, il se trouvait dans le couloir du rez-de-chaussée avec sa mère. D'abord, il décela une présence près de l'escalier en hêtre rouge. Il plissa les yeux. Il ne voyait rien, cependant il percevait un vague parfum, peut-être celui de l'ombre ; puis un bruit, un bruit inhumain. Il fit signe à sa mère de s'arrêter. L'ombre ouvrait sa coquille fuligineuse. Joseph se sentait appelé au bout du couloir, vers des courroies de lumière. Un afflux de sang ankylosa ses poignets. Ses joues gonflèrent un peu. Ses yeux se vitrifiaient. Il aurait juré avoir déjà été là, et que c'était comme mourir. Il ne voyait pas encore la fille ; à peine s'il sentait son odeur de flanelle, de menthol, de biscuit. Adossée aux griffures du bois, elle ne portait pas de chaussures : Joseph pouvait deviner le frottement des socquettes.

Une silhouette s'esquissa sur le bois rouge. Les angles dans la gorge de Joseph fondirent. La fille était là : sa peau blanche, son duvet sur le bord des lèvres. Son sourire lui dessinait des couteaux sous les mâchoires. Des pupilles ovales accentuaient l'aspect oriental de son visage et donnaient à son regard une signature virile, presque une forme de vieillesse, contrebalancée par le cuivre des cheveux, la pointe elfique des oreilles, la porcelaine des joues.

Elle le dévisageait.

Joseph recula. Thérèse posa ses mains sur ses épaules.

— Vous êtes les voisins du deuxième étage ? demanda Anima Halbron. Je pensais que vous étiez de grosses pierres.

Joseph sentit dans son cerveau une secousse, puis des crépitements. Tout à coup, il voulait être avec cette fille. Il voulait la serrer dans ses bras. Rien d'autre. Il voulait la suivre partout. Fondre en elle. Devenir sa peau. Devenir son ventre. Une vague brûlante le submergea, et il perdit connaissance.

Lorsqu'il revint à lui, Thérèse lui caressait la tête. La jeune fille n'était plus là. Quelque part dans l'air, un peu de son parfum restait. Joseph voulait la revoir… La rejoindre…

— Mon garçon, mon pauvre petit chéri…

— Maman…

— Que t'est-il arrivé ?

— La fille…

— Mon garçon, Jo…

— La fille…
— Je t'interdis de lui parler.
— Pourquoi ?
— Parce qu'on n'adresse pas la parole à ce genre de gens.
— Mais, maman, pourquoi ?
— Elle fera comme si elle était ton amie, puis, lorsque tu ne te méfieras plus, elle te tuera.
— Comment le sais-tu ?
— Tous les juifs font ça.

La chambre d'Anima se trouvait en dessous de celle de Joseph. Le lendemain du jour où il s'était évanoui, il fut réveillé par le son du piano. La musique montait jusqu'à son lit à travers les lattes du plancher. C'étaient des phrases roses, lilas, violettes, parme, indigo. Joseph sentit ses muscles se tendre. Les notes étaient dans ses draps. Elles se posaient sur ses paupières. Il avait déjà entendu jouer du piano, mais jamais comme ça.

Il devinait le déclic des marteaux de frêne sur les triples filins d'acier, le grincement du pédalier, les ongles sur les touches, la laine foulée des leviers d'étouffoir, l'attrape-marteau, le chevalet, le bâton d'échappement. Il se persuada qu'Anima, en jouant, lui adressait un message. Les notes tissaient une toile d'un étage à l'autre et y accrochaient des cadenas. Joseph était amoureux, comme dans les livres. Des mots d'amour, ces mots qui faisaient rouler les femmes dans la folie, avaient envahi ses pensées. La voix dans sa tête répétait les phrases du chevalier à la rose : « Je t'aime. Je t'ai toujours aimée. Tu ne mourras pas... » Il aurait voulu se marier sur-le-champ. Cette fille n'avait rien à voir avec les autres. Elle ne prenait pas *de la place*, mais *toute la place*. Dieu l'avait envoyée pour remplacer Emmanuel. « Je veillerai sur toi. Je te protégerai… »

Anima jouait tous les matins avant l'école. Dès la première note, Joseph se réveillait, et c'était comme si un oiseau d'or s'envolait dans sa tête.

Sous la main gauche de la pianiste, Joseph sentait les lames de fond peuplées d'animaux impossibles, et sous sa main droite, le cristal, les bulles de champagne, des pierres étincelantes. Les mains s'affrontaient, puis s'unissaient.

En le trouvant à genoux, tête entre les mains, Thérèse croyait que son fils pleurait parce qu'on l'ennuyait à l'école ou bien parce que son père lui manquait, mais c'était tout le contraire : Joseph pleurait parce que son père n'était pas nulle part. Emmanuel existait dans les phrases de la musique.

Anima, la chamane. Anima, la réveilleuse…

Thérèse caressait la tête de Joseph : « Oh, mon garçon, mon pauvre petit chéri… »

Anima avait eu un grand frère, Gabriel, adoré par sa mère. En sa présence, Sofia Halbron souriait, riait, plaisantait. Se dépliait. Joyeux petit bonhomme. Si facile. Un nuage. Lorsque son père répétait la polka italienne, le garçonnet tournait autour du quart-de-queue. Igor prétendait qu'il avait l'oreille absolue. Puis Sofia leur annonça l'arrivée d'une sœur ou d'un frère. Gabriel posa les mains sur le ventre ; il disait : « Bébé, bébé. » Six mois plus tard, la sœur vint avec ses hululements couvrir la voix du piano. Jamais Gabriel n'aurait pensé que le mot « bébé » pût désigner cette tête desséchée et ces yeux sombres. Après des jours de stupeur, il se mit à bégayer. Il disait : « Pipiano, cacarotte, siensien, tata » ; et surtout ne riait plus, même quand on le chatouillait. Sofia s'inquiétait. Était-ce la jalousie ou autre chose ?

Gabriel avait perdu l'oreille absolue.

Le jour de Pâques, une fièvre violente le cloua au lit. Quarante degrés d'un coup. Appelé en urgence, le médecin prescrivit des compresses d'eau froide, avouant qu'il ignorait de quoi l'enfant souffrait. Igor refusa la saignée. Gabriel n'était plus capable de parler. Il disait : « Bé, bé, bé, bé, bé… » et regardait sa sœur, ahuri. Des coups de fouet claquaient dans ses oreilles chaque fois qu'elle criait. Sofia essayait de la faire taire en lui enfonçant des pâtes de fruit dans la bouche, seulement Anima ne voulait rien savoir, et Gabriel se tordait de douleur : « Bé, bé, bé, bé… » Trois jours après la première fièvre, ses yeux se révulsèrent. Igor courut dans la rue : « Un médecin ! Mon enfant meurt ! » Le seul docteur du quartier était un antisémite notoire ; le lendemain, il prétendrait s'être absenté. Sofia écarta le landau d'Anima pour prendre son fils. « Reste avec nous, ça va aller, tout ira bien. » Lorsque Igor rentra, son fils était mort. En nage, Sofia murmurait : « Je t'en supplie, Gabriel, dis-moi que tu es encore là : tatou, carotte, sien-sien, tata… » Elle leva la tête vers Igor. « Sa voix est derrière ses lèvres, il va parler… Tu vas voir, il va parler… Mon amour, rends-le-moi… » Dans son landau, Anima s'égosillait. Sofia la regarda avec des yeux de bête affolée. Igor prit le nourrisson dans ses bras.

Le jour de l'enterrement, Sofia s'habilla, déjeuna et assista aux funérailles sans rien dire. Elle ne pleurait même pas. Elle ne salua personne. Elle refusa de porter Anima. Si Igor essayait de lui prendre la main, elle se dégageait. Igor eut beau la supplier, elle n'ouvrit pas la bouche.

Elle souriait méchamment.

Les années suivantes, le père apprit à sa fille à parler. Igor enseigna également à Anima les règles de son art. Le reste du temps, il courait le cachet dans la région lyonnaise : concerts, leçons, initiations. Il rentrait tard, mais avait toujours un mot pour Anima. « As-tu répété Schumann ? »

Anima était douée, même sans l'oreille absolue. Patiente, elle s'acharnait. Les jouets ne l'intéressaient pas. Les livres, à peine. Elle mangeait sans gourmandise. Elle ne prenait pas de plaisir au clavier, mais elle progressait. Dans les rares contes de fées qu'elle feuilletait (personne n'était là pour les lui lire), elle s'identifiait au méchant, parce que le méchant construit des tours, des remparts, et improvise des pièges, alors que le gentil se contente d'obéir au Destin. Elle bâtissait sa forteresse d'épines. « C'est pour protéger l'essentiel. C'est pour sauver mon frère. » Elle imaginait Gabriel près du piano. C'était pour lui qu'elle jouait Schumann. Elle n'était pas seule. En revanche, le fantôme qui l'accompagnait n'avait pas le même visage que le grand frère des photos. Il s'agissait d'un garçon de sept ans, assez beau, avec un nez volontaire, des cheveux en faisceaux, un profil félin, et des bras un peu longs.

Igor devint de plus en plus dur avec sa fille. Lui aussi se barricadait. Pour jouer Schumann, il faut de la rigueur. De telles notes ne viennent pas chez l'enfant comme les mots et la grammaire. La sévérité du père empêchait le silence de la mère d'envahir la maison. Anima jouait la même portée mille fois par jour. Le fantôme l'encourageait : « Petite sœur, on reprend… » Tout ce qu'elle faisait, c'était pour lui.

Sofia restait dans le salon, les mains sur les genoux. Ou bien elle cuisinait le repas du soir. Un masque. Une étoile effondrée.

Les concerts se raréfiaient. Igor donnait encore des leçons, mais depuis quelque temps les professeurs israélites devaient facturer à moitié prix pour garder leurs élèves. Lorsque la situation devint intenable, il dégota un emploi d'accordeur au conservatoire de Toulouse.

Sofia n'avait pas perdu sa voix : juste les mots. Si elle se cognait au coin d'un meuble, ou se pinçait un doigt dans une porte, des onomatopées lui échappaient : « Zi ! Schhhhh ! Ah ! Na ! » Et si vraiment le coup était fort, plusieurs syllabes : « Fouzzzi ! To-outoune ! » Anima disposait des pièges dans l'appartement. Derrière la porte du salon : des planches de contreplaqué, agrémentées de roulettes de piano. En équilibre dans les armoires : des boîtes à gâteaux. Des seaux d'eau sur les portes entrouvertes, le coup classique. Lorsque sa mère passait près d'elle, elle lui tapait le tibia de la pointe du pied. « Pardonne-moi... » À table, un coup de fourchette était vite arrivé, ou bien elle appuyait la main de Sofia sur la joue brûlante d'une casserole. Un soir, elle renversa un chandelier pour que la cire lui coule sur les cuisses. Des filets de pêche surgissaient dans le couloir. Des graviers pointus garnissaient les chaussures. Anima passait le rabot sur les lattes du parquet et les étagères du garde-manger, dans le sens inverse des fibres, pour relever les échardes ; et lorsque Sofia prenait une douche, la fillette ouvrait le robinet d'eau froide de la cuisine : Sofia hurlait « Ayatiii ! » et sortait rouge, cuite par endroits, couverte de cloques qu'elle soignait à l'huile de bois pendant des semaines. Pourtant elle ne grondait pas Anima et ne lui interdisait jamais rien ; pour cela, il aurait fallu lui adresser la parole.

Quand Sofia se pinçait, c'était un *mi* mineur servi par des *k* et des *l* pizzicati ; quand elle se cognait, un *fa* grave, étiré autour des *i* et des *m* ; si le coup était au genou, un *sol* écroué par un *a* glorieux ; à la tête, un *fa* puis un *ré* remuant, interrompus par des *b* et des *d* ; pour les collisions, des *si* bémol, ajourés par des *i* et des *s* ; et pour les brûlures, un *do* de cérémonie, arrondi dans le velours d'un *œ* jusqu'au ridicule : « Œœœœœœœœeeeee ! » Anima se précipitait au piano dans l'espoir de capturer la note en plein vol. Hélas, elle n'y arrivait jamais et, craignant que son père l'entende travailler autre chose que Schumann, finissait par cracher sur le clavier.

— Gabriel, murmurait-elle.

Près de l'instrument, le fantôme se taisait, mais la tombe, elle, avait hurlé.

Le lendemain de leur arrivée à Toulouse, lorsqu'elle aperçut Joseph Portedor pour la première fois, Anima fut frappée par la foudre. Le petit nez volontaire, les cheveux en faisceaux, le profil félin, les bras un peu longs… C'était le fantôme de Gabriel.

La cage d'escalier du 6, rue du Pont-de-Tounis croulait sous son lambris de hêtre rouge, autour d'un colimaçon de fer et de plaques de bois couvertes d'une panne violacée. Le papier peint se décollait. L'humidité avait taché le plafond, mais les baguettes de cuivre, nettoyées avec soin par Thérèse, ainsi que la couleur du tapis donnaient l'impression d'un escalier dix-huitième, élevé dans la misère vers Égalité et Liberté. Lorsque Joseph y croisait Anima, dont les pas ne faisaient presque aucun bruit, il se plaquait au mur. Il avait envie de crier les phrases du chevalier à la rose : « Je t'aime ! Je t'aimerai toujours ! Je te protégerai ! » Évidemment, il restait muet. Elle lui pinçait le bras, à l'endroit du nerf. En général, elle portait sa jupe plissée tombant sous le genou, ses socquettes éternelles et un chemisier de garçon ; elle avait des doigts angéliques et des écussons sur la peau, à cause des puces de lit.

Elle n'était pas très belle.

Elle le regardait de travers, mais elle le regardait. Elle levait la main, peut-être pour la passer dans les cheveux de Joseph, et finalement renonçait, secouait la tête.

Parfois, elle l'insultait : « Petit merdeux, petite pomme de merde, chialeur, moustique… » Sa voix était miel et poison, sang et lait. Joseph l'aurait reconnue parmi des millions. Il savait que si Anima, un jour, lui demandait quelque chose avec cette voix – si elle lui demandait quoi que ce soit –, il serait incapable de refuser.

Et ce jour arriva…

Elle se jette sur lui.

— Je déteste quand tu m'attends.

— Je ne t'attendais pas.

— Tu es toujours là à m'attendre, tu me gênes.

— Je ne t'attendais pas.

Il remarque la paume de sa main : la ligne de vie barbelée. Elle essaye de se grandir sur ses demi-pointes. Grimace de cocotte, courageuse, pauvre…

— T'es amoureux de moi, n'est-ce pas ?

Le cœur de Joseph écrit « oui » en lettres de feu sur la barre de son front. Son ventre est une pierre. Sa gorge, un ananas. Bien sûr qu'il l'aime. Il l'aimera toujours. Il la protégera.

— Je ne t'aime pas.

Anima refuse de démarquer.

— Tu m'aimeras pourtant. Tu m'aimeras et je te ferai souffrir.

Joseph a un galet sur la langue. Ses nerfs sont pris dans la colle. Ses os sécrètent de l'huile bouillante. S'il donnait un coup de poing dans le mur, à cet instant, l'immeuble s'effondrerait.

Anima s'agrippe à un volet. Au loin, on voit le clocher de la Dalbade. Quelque part, un train siffle…

— Est-ce que je te fais peur ?

Il respire à peine.

— Maman dit que les juifs mangent le cœur des enfants.

Elle ricane.

— Si tu ne veux pas que je bouffe le tien, tu vas devoir m'obéir.

Il lui obéira quoi qu'elle demande.

Anima, le colibri en bas de laine…

— Qu'est-ce que je devrai faire ?

— Tu devras tuer quelqu'un.

L'amie du père André, surnommée « la Cardinale », était une maquerelle espagnole, à qui personne n'avait jamais connu d'autre nom. Depuis 1909, elle tenait une maison appelée « la Chapelle », située dans le très réputé quartier des Demoiselles.

— Rassurez-vous, dit le curé en y conduisant Thérèse, je ne vous propose pas de vous prostituer mais de faire le ménage. Mon amie cherche quelqu'un.

Thérèse apprécia la Cardinale aussitôt qu'elle la vit. Une femme-fer. Un monolithe dans des froufrous.

Naturellement, le curé et la maquerelle ne s'étaient rencontrés ni à l'église ni au bordel, mais lors de réunions à la chandelle, dans les caves des Sept-Deniers, au milieu des livres et des armes, en compagnie d'ouvriers, de professeurs et d'artistes.

La Cardinale embaucha Thérèse pour un salaire trois fois supérieur à celui qu'elle aurait touché partout ailleurs pour le même genre de travail.

— Merci, madame…

— Dans un bordel, on ne remercie pas.

La Chapelle était la maison la plus luxueuse de Toulouse. Des lianes de fonte coiffaient des murs enduits de chaux jaune massicot et vert acidulé. Des parenthèses d'okoumé encadraient les fenêtres. Des feuilles de chanvre en terre cuite garnissaient la corniche du premier étage, ainsi que des saphirs (en réalité des œufs de verre teintés à l'amidon et au méthylène) et des palmes de bois rongées par les artisons. Les alcôves corinthiennes, façon fantaisie pour garçon boucher, se terminaient en becs d'aigle. D'immenses sacs de plumes scintillaient, dont se dégageait une étrange odeur de jambon et que la Cardinale mettait son point d'honneur à appeler « sofas ».

Lorsque Thérèse arrivait le matin, vers huit heures, les putains quittaient leurs chaînes vénitiennes et leurs tresses de cuir pour enfiler leurs robes larges et leurs gros souliers de filles de ferme. Elles frottaient leurs faces transpirantes d'alcool, dont elles ôtaient les fards blancs fixés à la céruse ou à l'étain de glace, et se passaient les aisselles à l'eau de lessive, afin de se débarrasser de ce parfum de musc qui leur donnait des cauchemars y compris en plein jour.

La maison se vidait. Ici et là : bouteilles roulées, timbales, fonds de bière, sirops, poudres de pyramidon, étrilles à beauté. L'odeur d'urine s'accentuait près du poêle à bois. Une pellicule de tabac couvrait les miroirs. Une fille passait en se grattant, une autre s'essuyait la bouche. On chiquait ; on buvait du café à la fleur, réchauffé à la débéloire ; on mâchouillait de la réglisse ; on mangeait des œufs durs à la croque au sel ; puis la dernière fille claquait la porte, et il ne restait plus que Thérèse, la Cardinale et son instrumentiste, un Hollandais à moitié fou qui s'occupait de jouer du piano, et avec qui la maquerelle couchait, histoire, d'après elle, d'épater le Bon Dieu.

Joseph accompagnait sa mère le samedi. En général, il s'occupait de mettre de l'ordre dans les chambres du troisième, appelées « paradis », pendant qu'elle saponifiait les torchons et lessivait les draps (jamais au cuvier, quinze minutes à l'eau bouillante et c'est tout). Contrairement à ce qu'on aurait pu croire, rien ne rebutait l'enfant, pas même les traces de merde sur les bassinets en céramique. Ici étaient les écorchés de l'amour. Ici ses ravages. Joseph se sentait à sa place. La plupart des clients étaient tristes, certains débiles ou malades, d'autres se trituraient jusqu'au sang, à cause de l'ypérite respirée à la guerre. Ils pleurnichaient souvent, avec des médaillons dans les mains. Ceux qui avaient servi dans les colonies avaient des œufs d'araignée sous le cuir chevelu, qui explosaient parfois, et alors des tas de microscopiques créatures se précipitaient vers leurs yeux. Le lendemain, Joseph retrouvait les araignées mortes parmi les serviettes souillées, les copeaux de savon, les poignées de cheveux, les gouttes de pus et les fourreaux de vélin luisants.

— On ne devrait pas être dans un endroit comme ça à ton âge, disait Thérèse.

— Un endroit comment ?

Elle n'avait pas le mot adéquat.

Joseph avait très bien compris pourquoi la Chapelle existait : il s'agissait d'un lieu où les hommes apprenaient à dresser la tristesse, comme un chien enragé qu'on aurait enfermé dans une maison de maître.

— Tu es si innocent…

— Innocent de quoi ?

Elle l'aurait sans doute trouvé moins innocent si elle avait su qu'il pensait à Anima sans cesse : ses cheveux, sa peau, son ventre, ses yeux. C'était cela, son médaillon.

À la tombée de la nuit, il regardait les filles se transformer en fleurs. Les plus jeunes pleuraient. Elles se passaient de la crème sur les aréoles, s'enduisaient le sexe avec de l'huile de lavande et de la poudre de cranberry, et quand elles le surprenaient dans l'embrasure, elles le grondaient gentiment et l'embrassaient sur le front ; alors il ressentait une joie à laquelle les clients, eux, n'avaient pas droit.

Un samedi soir, Joseph trouva Anima sur le seuil de la Chapelle. Il avança vers elle en tremblant.

Ce n'était pas un mirage. Elle était là, devant lui… La petite pianiste juive… Elle l'attendait…

Anima, l'hirondelle. Anima, le miroir cassé.

Thérèse n'a pas encore fini les chambres du deuxième, celles qui ont des poêles en fonte de basalte (raison pour laquelle, à cet étage davantage qu'aux autres, la poussière colle aux draps). Elle a dit à son fils de rentrer, prévenant que si elle n'était pas de retour à l'heure du dîner, il lui faudrait réchauffer des pâtes à l'eau (et pas d'huile surtout, autrement le linge prendra les odeurs).

— Que fais-tu là ? demande Joseph.

Anima, la chute de pierres volcaniques...

— J'ai entendu le piano, répond-elle. On écorchait la clef de *fa*.

Le Hollandais travaille sur un demi-queue, duquel on aurait raison d'attendre un son plus profond que celui du quart-de-queue des Halbron ; pourtant Joseph a remarqué que ses notes étaient molles, y compris dans les staccati. Si Anima avait appuyé sur une touche et le Hollandais la même, ils n'auraient pas produit le même son – et si le Hollandais avait eu le droit d'appuyer plusieurs fois ou de frapper avec une hache, il ne serait pas parvenu à égaler la nervosité d'Anima, de même qu'il n'aurait pas réussi à suggérer à Joseph, comme elle, l'histoire des pianistes et des facteurs de pianos qui depuis la nuit des temps ont négocié l'instrument, sa taille, ses fonctions, le cliquetis des attrapes, la tension des filins, la taille du cadre.

Anima a une grimace méchante.

— Ta mère est une putain, n'est-ce pas ?

— Non.

— C'est une putain puisqu'elle travaille dans une maison de putains.

— Elle fait le ménage, et je te signale que ce n'est pas une maison, ajoute Joseph en citant la Cardinale, « c'est un palais de putains ».

— Si elle travaille pour des putains, alors ta mère est une putain de putain.

Joseph a envie de pleurer, mais ne baisse pas les yeux. Il ne rougit pas. Il s'approche. Il voudrait la prendre dans ses bras. Une force le pousse. Une autre le retient.

— Comment savais-tu que j'étais ici ?

— Tout le monde le sait. Dans le quartier, on raconte que ta mère, pour amuser les soldats, te déguise en fille.

Dans la main de Joseph, les os se délient, les fibres se tendent.

— On raconte aussi que ta mère a couché avec le père André dans votre cuisine pendant que tu les encourageais.

Joseph lance sa main à plat et gifle la fillette. Tout de suite, il regrette. Il tremble. Elle va disparaître. Ou bien le rouer de coups. Elle ne lui pardonnera jamais. Joseph n'avait encore jamais frappé personne, ni rien à part ses chevaux de bois.

Anima n'a pas bougé.

— Je voulais voir si tu pouvais briser en toi la mer gelée, dit-elle, satisfaite.

Il a envie de la frapper une nouvelle fois, pour ressentir encore cette sensation d'encolure. En quoi l'a-t-elle transformé ?

— Tu m'aimes, ajoute-t-elle. Tu ne me trahiras pas.

Il ramène son bras d'enfant et sa main encore chaude. Elle devrait lui en vouloir, s'enfuir. Joseph et le fantôme de Gabriel se ressemblent comme deux gouttes d'eau.

Anima, la statue de sel…

— Suis-moi.

Le jour de la naissance de Joseph, à la seconde où elle le sentit grelotter contre son sein, Thérèse eut la certitude qu'il pouvait mourir d'un instant à l'autre. Elle crut à une révélation oraculaire. Son enfant allait mourir, de cela elle était certaine, au point d'avoir l'impression de lui avoir donné la mort sous le prétexte de donner la vie. Il souffrirait de toute façon, et de toute façon ce serait sa faute. C'était ça, en réalité, la vie. « L'ange, pensa-t-elle, aurait dû prévenir Marie. »

Les premiers mois, elle ne dormait jamais plus de vingt minutes consécutives, se réveillait en sursaut, et se précipitait sur le berceau de Joseph pour placer un miroir sous son nez. Au début, Emmanuel la taquinait ; puis cela commença à l'agacer.

— C'est comme si tu me trompais.

Le nourrisson hurlait aussitôt qu'elle sortait de la chambre. Il mourait, elle en était persuadée, et il serait mort si elle n'avait pas accouru. Joseph prenait le sein pendant des heures. Il refusait de lâcher. Il griffait la peau blanche.

Il sut marcher à seulement dix mois. Six semaines plus tard, ses vingt dents étaient sorties. Il portait à ses lèvres déjà toutes sortes de choses. Plusieurs fois, il avala de ce savon que son père utilisait pour nettoyer les chiures de pigeon devant le porche, et plusieurs fois il avala des chiures de pigeon. Il s'intoxiqua avec du Cresyl. Thérèse devait lui faire des lavements de charbon végétal au moins trois fois par semaine. Elle lui enfonçait les doigts dans la gorge pour récupérer une bille de bois, un boulon, un morceau de carotte crue, de la mouscaille de chien ou des pissenlits pourris sur pied, confits dans leur sève toxique. À table, Joseph gardait chaque aliment entre ses dents plusieurs minutes avant de mâcher. D'autres fois, il mettait dans sa bouche un morceau de viande gros comme son poing et déglutissait en criant : « VIANDE ! » Il se grattait les gencives. Il se tournait les paupières. Il faisait semblant d'écrire des phrases dans la purée avec ses doigts, puis s'enduisait les cheveux. La nuit, il croquait les bords de son lit à se péter les incisives, ou se mordait les avant-bras jusqu'au sang. Ses cris torturaient Thérèse. Un voisin crut qu'elle le battait. Des gendarmes vinrent, mais constatèrent que la seule violence infligée l'était par l'enfant envers lui-même.

Dans le quartier, on s'inquiétait pour ce garçon qui pataugeait dans les lagons d'essence de la descente de la halle aux poissons et buvait l'eau des caniveaux.

Thérèse avait la certitude que Joseph était suicidaire. Elle consulta des dizaines de médecins, qui tous lui firent la même réponse.

— Mais puisque je vous dis qu'il va très bien, lui dit le docteur Siboni, un pédiatre installé dans le quartier des Minimes, qui acceptait d'examiner gratuitement les enfants des veuves de guerre.

— Sale juif, répondit Thérèse.

Il lui tapota l'épaule gentiment. Elle tomba dans ses bras. Joseph n'en revenait pas.

— Sale juif, répétait-elle, sale juif…

— Ce n'est pas votre faute.

Il fallut mettre une collerette à Joseph, comme pour les chiens, ainsi que des moufles de laine. On essaya aussi de lui enduire les ongles d'une pâte amère.

— J'ai peur pour toi, disait Thérèse à l'enfant qui la bordait dans son lit.

Elle avait vomi.

— J'ai peur que tu te fasses mal. Tu dois me jurer de faire attention.

— N'aie pas peur, maman.

Et il pensait : « Je te vengerai. »

Anima entraîne Joseph dans les rues de Toulouse. Des silhouettes ont envahi les terrasses des Carmes. Sur l'avenue de la Gare, les fraises des cigarettes rougeoient au milieu des épines d'ombre.

Au creux de la main, Joseph a encore l'empreinte de la gifle. Est-ce que tous les juifs ont ce pouvoir d'attraction ? Est-ce pour cela que Thérèse lui a dit de ne pas s'en approcher ?

Les tilleuls de la rue Ozenne devant la tour de l'hôtel Dahus penchent leurs corps de pépés infernaux. L'hôtel du Vieux-Raisin, en face, ressemble à une pâtisserie à trois étages couverte de sucre glace. Joseph doit parfois faire trois pas en courant pour rejoindre Anima. Sa robe danse dans l'iris du soir. Les plaques de béton exhalent leur haleine chaude. Et toujours cette force dans le cœur de Joseph, toujours cette ouverture… Il l'aime… Il l'aimera…

Anima le sème par-delà le jardin du Capitole, près du grand carré espagnol. Il revient sur ses pas, contourne la fontaine, la retrouve. Elle s'ébroue tel un rapace.

— Qu'est-ce que tu fais, morveux ?

— Je t'avais perdue.

— Tu me perdras encore.

— Tu l'as fait exprès.

— N'importe quoi. Avance, ou bien je ne te protégerai pas.

Elle reprend sa course sur la place infestée de boutiques, puis sous les arcades, dans la nuée des chapeaux. Joseph la poursuit. Anima, la ballerine féroce…

Bientôt les voilà dans le quartier des Chalets, rue de la Concorde, où la ville est calme et bête. Joseph pense avec tristesse à ce que sa mère dirait.

« Elle t'a enjuivé. »

Ils franchissent un buisson de digitales mauves et entrent dans le jardin d'un chalet abandonné, près d'un pont sous lequel poussent des buis. La nuit a levé le rideau. Anima ressemble à une gerbe de chrysanthèmes transformée pour quelques heures en sorcière de sabbat. Joseph frôle les herbes. La bâtisse est condamnée. Les tuiles fendues dégoulinent vers le centre du toit, sûrement à cause d'un affaissement. Cette petite jungle jouxte le jardinet d'une maison à auvents.

— Il habite là, dit Anima en pointant du doigt la maison.

— Qui ça ?

— Celui qu'on va tuer.

— Je ne tuerai personne.

Elle se penche. Joseph recule. Il voudrait la faire tomber sur le trottoir.

— Si je demande, crapaud, tu tueras.

Après la mort d'Emmanuel, deux événements confirmèrent à Thérèse que son fils n'était pas (elle aurait dit *pas tout à fait*) comme les autres.

Un soir, Joseph entra par inadvertance en contact avec le bras de l'épicier Gélizet. Tandis que ce dernier lui remettait le filet habituel (jambon à la fleur de sel, pépins de courge rissolés au beurre, deux tablettes de chocolat), Joseph effleura son poignet et y détecta la présence de cellules déréglées.

Il regarda longtemps l'épicier aux joues roses. Désolé de le voir dans cet état d'hébétude, M. Gélizet lui proposa une de ces pastilles qu'il gardait dans une boîte à motifs ; mais Joseph refusa, et des figues séchées ne voulut pas davantage.

— Qu'est-ce qu'il t'arrive, mon garçon ? Tous les enfants aiment les figues !

Il était tellement gentil, M. Gélizet, avec son air toujours d'avoir été à la montagne et d'avoir joué avec des paquets de neige.

— Vous êtes malade, dit Joseph, vous mourrez bientôt.

L'épicier sut tout de suite que le garçon avait dit la vérité. Voilà quelques jours déjà que se matérialisait entre ses reins un point d'interrogation. Il se levait moins bien ; difficile d'attraper sur les étagères les pots à pralines et les fioles de safran ; et de temps en temps sur ses poumons, c'était un treuil à tête pivotante. Il avait pleuré la veille devant la photographie de sa femme morte, et devant celle de leurs deux fils emportés au champ d'honneur.

— Je suis désolée, dit Thérèse, j'ignore ce qui lui prend. Ah, vraiment, je suis désolée, monsieur Gélizet…

L'épicier mourut deux semaines plus tard. Il avait eu le temps d'organiser avec le père André la cérémonie pour laquelle il avait choisi sa parabole préférée : « Un homme avait deux fils… » Le jour de l'enterrement, le boulanger Pascal Denax fit un discours poignant. Joseph était inconsolable. Il pleurait sans s'arrêter, persuadé d'être pour quelque chose dans la mort de l'épicier.

— Ce n'est pas ta faute, répétait Thérèse.

— J'aurais dû le sauver, maman.

Puis entre les larmes :

— Je te vengerai. Je te vengerai, et je vengerai papa…

Il y eut un deuxième événement.

Quelques mois après la mort de M. Gélizet, Joseph attendait sa mère dans le vestibule de la Chapelle, quand une des filles (« la Brune ») vint lui donner un baiser. Il sentit autour d'elle des effluves. Ses doigts avaient grossi, ses boucles étaient collées par la transpiration dans la nuque, ses ongles s'effritaient, le dessous de ses bras était rouge, son chignon gorgé de sébum, et des boutons de sang transperçaient sa résille. Elle avait surtendu le lacet de son corsage. La crème n'avait pas tenu sous ses yeux.

— Ce sera un garçon, dit Joseph.

Comme M. Gélizet, la Brune sut tout de suite que l'enfant avait dit la vérité et, chez elle aussi, certaines sensations, certaines frayeurs sans objet, ainsi que certaines joies qu'elle avait crues perdues à jamais revinrent. Elle dit au client qui l'accompagnait ce soir-là d'aller « tremper sa flûte dans la mer pour voir si ça la ferait chanter », et quitta la Chapelle après avoir embrassé la Cardinale, donné une tape sur les fesses du Hollandais, et embrassé Joseph vingt fois. On raconta qu'elle s'était mariée avec un représentant de commerce de Villeneuve-sur-Lot et qu'elle vivait dans une villa avec du personnel et une ribambelle de choupinets (en réalité, personne n'en sut jamais rien).

La Cardinale eut l'idée de monnayer le talent de Joseph. Elle en parla à Thérèse, qui fit la moue.

— T'inquiète pas, ma chérie, on va pas le prostituer, ton gamin.

— Il est si jeune, si innocent…

— Innocent de quoi !

— Il pourrait se faire dans les cinquante francs par semaine, calcula le Hollandais avant de se lécher la lèvre supérieure, comme chaque fois qu'il était question d'argent.

Joseph accepta. Il recevrait à la Chapelle, le samedi après-midi, pendant deux heures. La Cardinale l'installa derrière un paravent d'ébène sur lequel des marqueteries d'ivoire et de cèdre représentaient des oiseaux de paradis, de petites pagodes, des chiens, des ânes, des danseuses apsaras. Derrière, elle suspendit des tentures vert et or à franges violettes. L'affaire prit rapidement des proportions inouïes. Les filles de toute l'Occitanie venaient se faire tâter le pouls par « l'enfant-miracle ». Certaines arrivaient d'Agen, de Narbonne ou de Tarbes en secret, parce qu'à un bal, un soir, sous la tapisserie des étoiles, elles n'avaient pas résisté à une déclaration d'amour.

« L'enfant-miracle » rapportait jusqu'à cent francs par jour. Les recettes étaient partagées à raison de trente pour cent pour la Cardinale et le reste pour Thérèse, qui pouvait grâce à cela offrir à son fils de la viande, des cahiers, des souliers de cuir et de ces éclairs au chocolat de la rue Croix-Baragnon dont il raffolait. Mais si parfois Joseph annonçait une bonne nouvelle, le plus souvent, ce qu'il détectait en palpant le poignet d'une fille, c'étaient des maladies, ou alors un sang liquéfié par la cocaïne et l'absinthe. Le cœur, même chez les moins de vingt ans, laissait couler de minces filets d'air, et les veines, harassées par les aiguilles ou par d'anciennes saignées, se rétractaient aussitôt qu'on approchait la flamme d'une bougie ou bien une noix de cette pommade vendue à la frontière espagnole en guise de contraceptif. Du reste, lorsque Joseph prédisait une naissance, la plupart du temps, la fille, au lieu de se réjouir comme l'avait fait la Brune, s'arrachait les cheveux, se frappait le ventre, parlait de ses patrons, de ses parents, du curé de son village, de ses frères, et demandait à la Cardinale l'adresse d'une avorteuse. Voyant combien cela affectait Joseph, Thérèse décida après huit mois de mettre un terme à l'affaire.

Anima longe le mur du chalet abandonné. Joseph scrute les rectangles de lumière électrique de la maison voisine. Le jardinet alterne carrés de gravier blanc et trapèzes de gazon ras. Autour de la porte, les fleurs sauvages ont été retirées pour faire place à des hortensias. Joseph peut sentir le parfum aigre de l'herbicide Eureka, un mélange de sels d'arsenic et de goudron de houille qu'on utilise en général sur les voies ferrées.

Anima se tait quelques instants. Elle observe elle aussi. Sa future victime est là.

Anima, le plat qui se mange froid et vous brûlera quand même…

Elle emmène Joseph devant la porte de service du chalet abandonné. Il est terrifié à l'idée qu'elle s'apprête à assassiner quelqu'un et qu'il ne pourra rien faire pour l'en empêcher. Complice. Mais il l'aime… Il l'aimera toujours… C'était écrit dans le ciel le jour de sa naissance…

Joseph regarde la maison et son jardinet impeccable. Le chalet abandonné en est l'exact opposé : grinçant, sombre. Des planches ont été clouées sur la porte d'entrée. Anima extirpe une corde tressée sur quatre brins.

En la tirant, elle déclenche un mécanisme. Deux aisseaux s'écartent.

Elle plonge. Joseph doit se faufiler.

Dans le chalet, les meubles sont couverts de gros draps. Des toiles d'araignées font aux murs des velums déchirés. Anima sait exactement où elle va.

Joseph a de moins en moins peur. Les escaliers noirs et les tableaux crevés ne le terrifient pas. Anima avance un mètre devant, éclairée par un briquet à mèche d'amadou dont la flamme sent le massepain. Parfois elle se retourne. « Dans l'obscurité, murmure-t-elle, tu ressembles encore plus à un fantôme. »

Ils arrivent devant une porte fermée par un verrou. Quelque chose gratte de l'autre côté.

— Qu'est-ce que c'est ?

Anima place la mèche d'amadou sous son menton, ce qui accentue les traits de son visage et lui creuse une fleurine jaune au-dessus des joues.

— Un chérubin de Dieu.

Elle tire le verrou et entre dans la pièce. À l'intérieur, elle n'est pas seule. Des à-coups sont frappés sur les plinthes. Une respiration ronfle sous la croûte d'ombre. Après quelques secondes, Joseph entre. Le sol est couvert de granules pour chevaux.

Anima allume une lampe à pétrole. Elle caresse sur ses genoux un oreiller immonde. Dans la flanelle de sa robe, deux grands yeux de garçon papillotent. Joseph plisse les siens. Il s'approche pour mieux voir. Au début, il ne distingue ni visage ni corps à proprement parler, seulement cet oreiller sur les cuisses de la musicienne, puant le musc, le fromental, la fiente, les latrines d'école, les pommes amères et le navet lorsque la pourriture a commencé à devenir chaude.

Les yeux de Joseph finissent par identifier des lignes de démarcation qui jusque-là leur avaient échappé. L'oreiller a une tête joufflue et de petites pattes claires. C'est un cochon. Il fouille dans la robe de sa maîtresse.

— Je lui porte de la nourriture tous les jours, dit-elle en caressant la bête du bout des doigts.

Ce que Joseph ressent à cet instant est proche de la jalousie… La caresse d'Anima ! Ah, la pulpe de ses doigts ! La douceur de sa paume sur cette peau rose ! Sur ces poils, ces cernes puants, cette truffe et ces yeux, ces yeux ronds, lactescents, pleins de crotte !

— Je l'ai sauvé il y a trois mois derrière les halles du marché. Ici, il est tranquille.

Soudain, une conviction complètement folle poinçonne le cerveau de Joseph : ce cochon, en réalité, est un être humain. Joseph sera le prochain. Ils seront des milliers, des millions bientôt, tout un peuple réduit en esclavage par des formules magiques et enfermé à double tour dans ce chalet miséreux en attendant la rôtissoire du Dieu vivant.

— Il s'appelle Lamour, dit Anima.

Joseph regarde mieux la gueule et les dents plantées de travers de ce porcelet dont il se dégage quelque chose de maladroit, et aussi d'un peu vicieux. Quelque chose d'humain.

Dans un coin, Anima ramasse une valisette en carton et en extirpe une bande de tissu d'une dizaine de mètres, à laquelle ont été cousus des centaines de grelots. Le cochon s'énerve au milieu des granulés. Après inspection, Anima referme la valisette. Lamour se fourre à nouveau sur ses genoux et remue jusqu'à s'enfoncer, puis dévisage Joseph.

— Maintenant, il faut se taire.

— Où va-t-on ?

— Dans la maison voisine, chez le professeur Mabillard.

— Mais qui est-ce ?

— Un salopard, on va le faire payer.

D'après Antoine Mabillard, professeur de piano au conservatoire de la rue Larrey, la juiverie a pourri la musique. On n'aurait jamais dû laisser des israélites corrompre les notes comme ils ont corrompu les saintes écritures. Leurs doigts à quintuples phalanges ont mis au point des sons interdits aux instrumentistes chrétiens, impossibles à entendre, bourrés de respirations secrètes, de sorte que, le moment venu, les juifs n'auront qu'à verser leur poison dans les oreilles des catholiques respectables et des laïques éclairés. « Ils ont mouché leur sang dans le répertoire ! »

Lorsque le directeur du conservatoire le prévint qu'il avait embauché un accordeur de piano juif, Mabillard en devint malade. La nuit suivante, il rêva que les touches de son piano ne produisaient plus aucun son, et qu'en ouvrant l'instrument il y découvrait des lambeaux de peau putréfiée. Dès le lendemain, il fit savoir au directeur qu'il lui serait impossible de jouer sur un piano accordé par un juif. C'était comme si on avait proposé à un démon de fouiller les entrailles d'un chanteur avant la représentation.

Mais le dégoût le plus terrible et la haine vinrent lorsque Mabillard apprit le nom du nouvel employé.

— Igor Halbron n'est pas accordeur !

Il l'avait vu jouer en 1911, à Paris, la troisième sonate de Brahms, et en avait conçu une jalousie qui ne l'avait plus quitté depuis. Il s'était lui-même cassé les dents sur ce morceau et avait échoué par sa faute au concours général, le jour le plus important de sa vie, celui qui devait décider de son avenir de concertiste. Igor Halbron savait arrêter les espaces ouverts par la main gauche, les suspendre, et y joindre les harmonies de la main droite comme des fleurs à l'épée. Mabillard, depuis l'enfance, rêvait de jouer comme ça.

— C'est lui ou moi, dit-il au directeur, l'accordeur juif ou le pianiste chrétien.

Le directeur, lui aussi, avait entendu un récital d'Igor Halbron, et lui avait proposé un emploi d'accordeur en lui promettant de le nommer professeur aussitôt qu'un poste se libérerait. En attendant, il lui avait demandé de dispenser des cours particuliers aux élèves les plus prometteurs, et l'avait sommé de corriger chez eux les défauts que ce genre d'élève a toujours, susceptibles de rendre une partition froide à force de précision. À ceux-là, Igor répétait sans cesse : « Tes doigts sont au niveau des épaules, immédiatement connectés au cœur, oublie-les. Mange, bois les notes. Colle tes yeux à ce qui te manque. »

Savoir que cet accordeur juif donnait des cours à leurs élèves favoris agaça les professeurs, de sorte que les moins antisémites rallièrent eux aussi les conciliabules organisés par Mabillard. Malgré ces intrigues, ils ne parvinrent pas à faire renvoyer l'accordeur. Coup du sort : le directeur, atteint d'une phtisie grave, fut envoyé au sanatorium de Cambo-les-Bains. Le conseil d'administration nomma un nouveau responsable, maurassien celui-là, à qui il ne fut pas difficile de démontrer que l'accordeur sabotait les instruments pour le compte de la juiverie internationale. Igor Halbron fut renvoyé sous prétexte que le *do*, un jour d'audition, était un tiers en dessous. « On ne joue pas sur des clarinettes de bar-mitsva », conclut le directeur en signant un solde de tout compte auquel il manquait trois cents francs.

Le soir même, Igor dit à sa femme et à sa fille qu'il était renvoyé. Heureusement, il n'avait pas attendu l'arrivée du nouveau directeur pour prendre ses dispositions et avait déjà trouvé un emploi, non plus d'accordeur mais de déménageur, pénible et mal rémunéré, mais temporaire.

— J'ai un projet plus ambitieux, déclara-t-il en regardant Anima.

Anima a Lamour sous le bras. Joseph, la valisette en carton. Ils passent l'un après l'autre sous une grille, traversent un buisson et s'introduisent dans le jardin des Mabillard.

Ils grimpent sur la murette jouxtant la maison. De là, ils peuvent observer l'intérieur. Les enfants sont couchés ; la lueur orange d'une lampe à sodium laisse penser que le plus âgé est en train de lire. Un quart-de-queue semblable à celui des Halbron barbotte sur le tapis à poil long. Des verroteries sablées pendouillent. Une armoire d'acajou abrite une collection d'assiettes. Les tableaux représentent des plages avec des chiens et des femmes en chapeau Poiret. Partout où c'est possible, un bibelot s'empoussière. Les partitions sont rangées dans une bibliothèque à moulures, près d'un vaisselier et d'un portrait du maestro en uniforme de capitaine ; on le reconnaît à peine, le peintre était gentil (ou pressé, en tout cas malhonnête).

En observant le couple Mabillard, Joseph se demande si Anima et lui fumeront un jour comme eux parmi les reliures de cuir et les tableaux ringards.

— Tu sais, demande Anima, ce qui pour un pianiste est pis que la mort ?

— Non…

— Le désordre.

Anima, la moucheuse de chandelle. Le Mohican héroïque…

Elle pousse une trappe menant du jardin à la cave, ouvre la valisette, attache le long chapelet de grelots au cou du cochon et dépose Lamour dans l'obscurité.

— Va, nous t'attendrons.

La créature disparaît. On l'entend s'ébrouer au milieu des bouteilles et des bicyclettes.

— Cela vient de la cave, dit Mabillard à sa femme.

Il attrape une canne-épée, pose sur son crâne son cimier de quatorze, et colle l'oreille au parquet. Sous les lattes : grognements, ferraille…

— Il y a quelqu'un, murmure sa femme cramponnée à la boule d'escalier en pomme de pin.

— Une bête.

Dans la cave, un établi s'effondre. Le bruit est mat. Les fondations ont tremblé. Puis plus rien. Les grelots se sont tus. Anima prend la main de Joseph. Il sent, sous ses doigts, le sang, les nerfs horripilés, les tissus retenant l'oxygène au lieu de le consommer.

Anima, le frisson inouï, la tornade, oh Joie Pure ! oh Joie Infernale !

Mabillard s'est approché de la porte d'accès à la cave. Après plusieurs minutes, il l'ouvre d'un geste sec en brandissant sa canne-épée. D'abord, il ne voit rien, sinon un peu de poussière mêlée à de la sciure et à de la terre battue. Loin dans les profondeurs, le tintement a repris, par drelins étouffés, puis de plus en plus fort. Le maestro progresse dans l'ombre. Au fond de la cave, des virgules brillantes apparaissent. Enfin, un boulet de canon monte l'escalier quatre à quatre.

Anima a lâché la main de Joseph.

Lamour file entre les jambes du professeur qui trébuche, s'écroule sur le tapis du vestibule et se relève, tandis que le cochon galope dans le salon, couinant et renversant les guéridons, les tables, les bibelots. Mme Mabillard hurle à la mort, ce qui a pour effet de surexciter l'animal. Son écharpe à grelots s'accroche à une console couverte de vaisselle, laquelle s'effondre dans une gerbe de tessons blancs. Puis l'écharpe s'enroule autour d'un pied du piano, dont les roues dorées n'ont pas été bloquées. L'instrument s'élance, tiré comme par un chien sur une patinoire. Il renverse M. et Mme Mabillard, maestro sur maestria, l'armoire à partitions… BOUM ! *Do* dièse !

— Le piano ! Le piano !

Une autre armoire se renverse au milieu du salon, pleine de vieux livres, de breloques, de boutons, la mercerie complète. Le salon est un enchevêtrement d'objets brisés ; le cochon, une tornade de feu. Il broie les livres, les traverse, roule sur les billes et les dés à coudre. Le piano a perdu pied : il gît contre un radiateur. Lamour découvre le garde-manger ; à la vaisselle et au matériel de couture se mêlent des choux, des carottes, des céleris-raves, des saucissons, des œufs et un nuage de paprika qui ressemble, dans les faisceaux de la lampe à sodium, à une nuée de sang. Les trois enfants en pyjama, hilares, dansent dans la semoule ! La mère, à terre, pleure et se mouche dans des feuilles de laitue !

Anima, dompteuse de fauve. Anima, Monsieur Loyal et Lamour l'impossible !

Mabillard saute partout avec sa canne-épée. Il tombe et se relève sans cesse. Il se croit dans les tranchées, sous le délire des flammes de fer.

Lamour est un battoir dans la ratatouille, un tourbillon dans les abysses. Lamour inénarrable, invisible, supersonique, dantesque !... Lamour qui casse, grogne, ronge, laboure !... Ombre et chaos !... Charybde !... Titan du carnage !...

Enfin, le cochon perd son écharpe à grelots. Il retourne aussitôt à la cave et rejoint Anima. Il transpire : sa peau luit, et Joseph aurait juré l'avoir vu sourire, canaille !

Anima le prend dans ses bras et fait signe à son complice de rejoindre à pas de loup le buisson de tout à l'heure. Une fois dans le chalet abandonné, elle relâche Lamour et lui donne un sachet de guimauves ainsi qu'une pluie de caresses.

— Tu as bien travaillé.

Elle l'embrasse.

La charmeuse de pourceaux.

— Il est temps de partir. Mon père va rentrer. Si je ne suis pas là, il m'en voudra.

— Et ta mère ?

— Ma mère est une tombe.

Pendant quelques secondes, Joseph croit qu'elle va pleurer sur son épaule. Il s'approche. Il veut la protéger, comme le chevalier à la rose dans son livre de contes... Elle s'écarte.

— C'est la tombe de mon frère.

Lamour gémit. Il essaye de les suivre. Anima doit le pousser du pied avant de refermer.

Joseph lui emboîte le pas en silence. La nuit a absorbé la ville. Autour d'eux, rien ne corrobore les méfaits de Lamour.

— Pourquoi m'avoir demandé de venir ? Tu n'avais pas besoin de mon aide.

— Il me fallait un témoin : tu m'aurais innocentée.

— Pourquoi moi ?

— Toi ou un autre, tant qu'il y avait quelqu'un…

Mais Joseph n'est pas dupe : « Elle voulait que ce soit toi. »

Le lendemain du carnage chez les Mabillard, Anima surprend Joseph dans la cage d'escalier. Elle enroule ses mains autour de sa taille et le plaque contre le lambris gondolé.

— Si tu parles, je te tue. Tu ne devras dire à personne ce qui s'est passé. Même à ta mère : rien.

Joseph sent derrière son crâne les fibres du bois humide. Il voudrait lui dire « je t'aime ». Elle doit savoir… Il ne peut plus garder les mots d'amour dans son ventre… Il l'aime… Il l'a toujours aimée… Mais Anima lui met la main sur la bouche.

— Si tu parles, tu crèveras dans la boue.

Anima, le coup de poignard – et son sourire, son sourire d'émouchet semblable à l'eau dans laquelle tombent les enfants (tombent et se noient).

Joseph se ravise. S'il dit « je t'aime », il risque de tout casser. Elle le frappera. Pis, elle se moquera de lui.

— Est-ce qu'on pourra y retourner ?

— Où ?

— Au chalet.

— Hors de question. Je t'interdis d'approcher. Tu n'es ni mon frère, ni mon ami.

Cette phrase pénètre la moelle épinière. « Tu n'es ni mon frère, ni mon ami... » Encore et encore : « ni mon frère, ni mon ami... ».

Jamais Joseph n'aurait imaginé qu'Anima puisse le traiter de la sorte quelques heures seulement après leur raid au crépuscule.

— Pourquoi es-tu méchante ?

Elle cache quelque chose. Il n'a pas rêvé, hier, lorsque sa main frôlait la sienne sous les clochettes des digitales.

— Je vais mourir, dit-elle.

Encore une fois :

— Je vais mourir.

Elle lui tourne le dos et rentre chez elle, derrière sa palissade enchantée. Elle claque les portes du Jardin. Joseph l'entend près du piano, puis le silence et, plus tard, quelques notes chlorotiques sous le feutre de la sourdine : *fa*, *mi*, *ré*, *fa*, *mi*, *ré*...

Est-elle malade ? Joseph l'aurait senti la nuit dernière : il l'aurait deviné en l'effleurant.

Veut-on la tuer ?

Et cette autre phrase : « Tu n'es ni mon frère ni mon ami » – qu'est-ce que c'était ?

— Je t'aime, murmure Joseph entre les lattes du parquet. Je t'ai toujours aimée. Je veillerai sur toi. Je te protégerai...

Une nuit, vers quatre heures, Joseph est réveillé par des coups frappés à la porte. Ses sens se rassemblent. Il pense d'abord à Anima, mais les coups sont irréguliers, et la main est charnue, les ongles plus longs, le sang à peine plus épais. C'est la main d'une femme mûre.

La police est-elle venue l'arrêter pour le carnage chez les Mabillard ? Ils auront mené l'enquête. Ils seront remontés jusqu'à lui. Anima l'aura dénoncé…

« Impossible. »

La police ne prendrait pas autant de précautions. Ils enfonceraient la porte en plein jour.

Doucement, Joseph pénètre dans la chambre de sa mère.

— Maman.

On frappe encore.

— Maman, réveille-toi…

Thérèse tourne dans ses draps. Elle a dormi la bouche ouverte.

— Qu'est-ce qui se passe ?

— Il y a quelqu'un.

On frappe plus fort, puis un murmure :

— C'est moi.

Joseph a reconnu la voix de la Cardinale. Elle n'est pas seule.

Dans la cage d'escalier, des hommes respirent fort. Le Hollandais est parmi eux ; Joseph a repéré son parfum (un cache-misère, une tentative de dignité).

Les Halbron dorment. Le père André n'est pas là. La veille il a enterré un de ses oncles à Auch. Même Anima dort : à travers le plancher, Joseph a entendu sa respiration.

Thérèse ouvre. La Cardinale porte une robe de chauve-souris. Derrière elle : le Hollandais et deux hommes que Joseph n'a jamais vus.

— Où est le curé ? Je dois le voir.

Thérèse a encore un pied dans le sommeil.

— C'est pour mes cousins d'Espagne, ajoute la maquerelle.

— Il n'est pas là.

— Il y a deux caisses. On va les déposer chez toi. Je ne peux pas les garder. Ils fouilleront la Chapelle. S'ils les découvrent, je suis morte.

— Qu'est-ce qu'il y a dedans ?

— C'est mieux que tu ne le saches pas.

— Je vous aiderai, dit Thérèse.

— N'ouvre pas les caisses. Moins tu en sais, mieux tu te porteras.

Thérèse jette un coup d'œil à Joseph.

— Nous ne les ouvrirons pas.

Deux heures plus tard, deux caisses en bois d'un mètre cube chacune hantent le salon. Thérèse s'est rendormie. Quant au Hollandais, à la Cardinale et à leurs compagnons, ils se sont évaporés dans le brouillard de l'île de Tounis.

Le lendemain, la Cardinale fait comprendre à Thérèse qu'il ne faut en aucun cas prendre le risque de mentionner les caisses.

— La Chapelle est un terrain neutre, a-t-elle l'habitude de répéter à « ses filles ». Je ne veux pas de vos histoires, je n'y apporterai pas les miennes.

Même quand les filles ne sont pas là et que personne ne pourrait surprendre leur conversation, la Cardinale refuse d'évoquer les caisses. Thérèse la soupçonne d'ignorer ce qu'elles contiennent, autrement elle lui aurait fait savoir à quoi s'attendre par un billet discret, ou bien à voix basse, vers midi, lorsque la Chapelle est vide et que le Hollandais, un peu ivre depuis sa collation de onze heures, chatouille maladroitement les touches du piano.

Un matin, Thérèse fait signe à la Cardinale. Elle veut comprendre. La maquerelle l'arrête :

— Ce que tu vas dire, ne le dis pas. Les murs ont des oreilles. Les filles ne sont pas sûres. La trahison est une mauvaise herbe : si tu l'arroses, elle pousse. Aussi, n'arrose pas.

Thérèse imagine le pire. Joseph sent l'âme de sa mère glisser doucement, attirée par ces caisses comme ceux qui craignent le vide s'approchent du bord de la falaise.

Le père André est au courant. Il a remercié Thérèse et Joseph, sans leur dire combien de temps il leur faudrait garder les caisses, ni ce qu'elles renferment.

— Ne pourriez-vous pas les prendre ? a demandé Thérèse. Je ne veux pas mettre en danger le petit.

— Ils savent que je suis communiste. Ils me surveillent. Je ne peux pas les entreposer chez moi, ni à l'église. Pour l'instant, vous devez les garder.

« Communiste » : Joseph n'a pas la moindre idée de ce que ce mot signifie.

Thérèse a le sentiment de prendre des risques à la place du père André et de la Cardinale. Depuis toujours, les gens comme elle ont pris des risques pour les patronnes et les curés, sans être informés de ce pour quoi ils les prenaient, ni de ce qu'ils risquaient. Elle se met à leur en vouloir. L'admiration qu'elle leur portait se transforme en ressentiment ; encore un peu, et elle les haïra. Surtout, elle a peur pour Joseph, qui passe des heures à tourner autour des caisses, à les renifler… S'il lui arrive quelque chose, jamais elle ne le pardonnera à la Cardinale.

Joseph a observé les caisses sous toutes les coutures. Leurs planches ont été taillées dans du bois résineux, un bois tors, parcouru des veines caractéristiques des pins maritimes mais dont les cernes et les lunures ne présentent pas les marques de gel qu'on trouve sur les pins des Landes. C'est donc du bois d'Estrémadure ou d'Andalousie : les caisses arrivent d'Espagne. Fissile, le bois a été débité sur maille, comme les douves des tonneaux. Après avoir été sciées de travers (le menuisier a fini en arrachant), les planches ont été assemblées avec des agrafes d'acier doux et, aux angles, des pointes de couvreur et des clous à tête d'homme. Joseph a remarqué aussi de minuscules entailles en forme d'écailles de tortue.

Les jours passent. Anima continue de se comporter comme si le carnage de Lamour n'avait pas eu lieu, et comme si jamais elle n'avait conduit Joseph au chalet abandonné, dans la nuit décousue, à travers les étoiles.

Joseph passe des heures allongé sur le sol de sa chambre, à l'écouter jouer du piano, et, quand elle ne joue pas, il écoute les portes, les pas, le linge, les pages, le café. Son esprit se meut trois mètres plus bas que son corps. Sans cesse, les deux phrases reviennent : « Tu n'es ni mon frère, ni mon ami. Je vais mourir. »

Anima, la herse de feu…

La Cardinale revient un mois plus tard chercher les caisses à une heure du matin, accompagnée de quatre hommes. Le Hollandais n'est pas là. En partant, la maquerelle prévient Thérèse :

— Il y en aura d'autres. Désolée, ma chérie, mais je ne peux pas faire autrement.

Une nuit, Joseph est tiré du sommeil par des bruits inhabituels sous sa fenêtre, près des ornières à têtards : percussions mates, halètement, succion, cri étouffé, ferraille… Il ouvre. Près du pont, rien à part l'ombre et l'eau. Quelques minutes plus tard, cinq Espagnols remontent par la halle aux poissons et passent sous un réverbère ; Joseph reconnaît l'un d'entre eux.

Le gars lève la tête. L'a-t-il vu ? Quelqu'un d'autre descend la rue du Pont-de-Tounis.

Un homme pénètre dans la cage d'escalier de l'immeuble. Thérèse est réveillée. Depuis cette fameuse nuit où la Cardinale lui a demandé son aide, elle ne dort plus que d'un œil.

— *Armas, armas…*

Après quelques secondes, Thérèse ouvre. L'homme se précipite vers les caisses entreposées dans le salon. Il est sale. Ses mains sont couvertes d'une matière que Joseph ne reconnaît pas. Il tire de sa poche un chiffon imbibé de sang.

— *Asesinos…*

Il n'est pas blessé, mais Joseph devine qu'un de ses amis l'a été, au bord de la Garonnette. Tout de suite, l'enfant pense à son père. Serait-il mort si on l'avait secouru ? Sans doute Thérèse y pense-t-elle aussi. « C'est pour cela qu'elle veut aider les communistes, songe Joseph. C'est comme si elle aidait papa. »

Dans le couloir, l'Espagnol frôle sa main. Joseph sent battre le cœur du guérillero, et dans son sang claquer le fouet de l'adrénaline. Il devine également la présence d'une plaie mal cicatrisée près de l'abdomen. Et d'autres choses : la peur, le courage… Il a envie de prendre le guérillero par la main et de lui dire : « Ça va, mon gars, ça va aller… »

L'Espagnol utilise un pied-de-biche pour ouvrir une caisse.

— Pas ici, dit Thérèse.

Trop tard. Le guérillero extirpe un fusil-mitrailleur et une bande de cartouches.

Thérèse lui donne du pain et une flèche de lard blanc. Il lui baise la main et retourne dans la rue.

Joseph a décelé une autre respiration dans la cage d'escalier : celle d'Anima… Elle a vu l'Espagnol. Elle l'a entendu dire « *armas* » deux fois, puis « *asesinos* ».

Elle sait.

Plusieurs semaines s'écoulent. Anima est chez elle, mais ne sort pas. Elle ne va plus au collège. Elle passe ses journées à crever les essaims de papillons magiques sous le ventre de son piano. Joseph l'écoute en feuilletant son vieux livre de contes.

Quand, un matin, il l'entend enfin dans la cage d'escalier, il se précipite. Il veut lui dire les phrases du chevalier à la rose : « Je t'aime… Je veux être avec toi… Je ne veux plus te quitter… Je t'aimerai toujours… Tu ne mourras pas… Je te protégerai… »

En le voyant, elle a un mouvement de recul. Presque de la peur.

— Qu'est-ce que tu fais là ? demande-t-elle.

— Je voudrais te parler…

— Il n'y a rien à dire. Je vais nourrir Lamour.

— Est-ce que je peux venir ?

Elle hésite.

— Hors de question.

Il la suit comme le chien de la parabole, celui qui malgré les coups s'accroche à l'ombre de son maître.

— Qu'est-ce qu'il y a à la fin !

Les grands yeux du chien brillent. Sa langue pend. Le chien penaud, le chien inexorable de la parabole…

— Est-ce que tu es malade ?

— Non.

— Tu as dit que tu allais mourir… Je ne veux pas que tu meures…

Elle fait un pas vers lui. Elle le domine. Anima, reine de Saba.

— Je suis damnée.

Elle est au bord des larmes. Joseph entend son cœur battre – et, pendant quelques secondes, c'est comme s'il le tenait dans ses mains.

— Je suis damnée, répète-t-elle, parce que Gabriel…

Elle ne finit pas sa phrase. Elle secoue la tête. Elle s'en veut. Surtout, elle en veut à Joseph. Elle en veut au chien fidèle, au chien rampant…

— Fous le camp !

— Je peux t'aider. Je te protégerai…

Elle le regarde en écarquillant les yeux, puis elle lui attrape les épaules – et finalement lui griffe les joues, comme si elle voulait lui arracher un masque.

— Laisse-moi tranquille, s'écrie-t-elle. Laisse-moi tranquille, Gabriel !

Anima, le trésor enfoui dans une grotte au fond des mers…

Lorsque la nuit tombe sur le quartier de la Dalbade, on entend des murmures près des portes. Des chouettes tournoient autour du clocher. Des ombres aux épaules larges arpentent les rues. Des portes s'ouvrent au milieu des étincelles. On emmène parfois un homme, chiffon gras sur la tête, personne ne sait ni pourquoi ni où.

À quatre reprises, la police fouille la Chapelle. La Cardinale est espagnole, communiste, inscrite à tous les fichiers. Heureusement, certains clients la protègent des interrogatoires, et les descentes ne donnent rien. Le père André est également inquiété. La Dalbade est perquisitionnée sans résultat, ainsi que le presbytère et son appartement de la rue du Pont-de-Tounis. En revanche, personne n'a l'idée d'examiner le réduit où vivent cette brave veuve de guerre et son fils branque.

Au marché des Carmes, les étals bruissent. Depuis le début de l'année, la police a reconduit vingt-trois Espagnols à la frontière. Des choses se préparent, et comme on ignore lesquelles, bah, on invente. On soupçonne l'Église. On raconte que le père André célèbre des messes pour Moloch et Baal.

La ville se rétracte telle une huître à l'approche de la lame et du jus de citron. Les matériaux utilisés pour la construction ont changé : le bois est moins dense, l'acier moins souple. On se met à remplacer la pierre naturelle par un mélange de ciment, de granulats, d'eau et d'adjuvants qui accélèrent le durcissement ; on injecte des bulles d'air, on plastifie, et on coule le « béton » ainsi obtenu sur des barres de fer. Des ouvriers ont expliqué à Joseph que ces composés étaient plus efficaces que la pierre. Ils ont insisté sur ce mot : « efficaces ». Puis ils ont parlé d'un mur que le ministre de la Guerre prévoit de construire à l'endroit même où le lieutenant Portedor est tombé au champ d'honneur. Lorsqu'il pose la main sur une surface de béton, Joseph ne ressent rien. Des tiges de fer rouillées s'épatent dans les nervures, parmi les graviers, comme des veines tuméfiées à l'intérieur d'un corps malade. La ville, et à vrai dire la France entière, celle-là même que protégera la palissade du ministre Maginot, sont en train de pourrir. Les particules se désintègrent. Les molécules se désagrègent.

Quelqu'un sonne à la porte. En entendant comment le doigt presse le bouton (une entrée moelleuse, puis la note nourrie, la pulpe appuyée sur l'émail), Joseph devine tout de suite de qui il s'agit. C'est son âme.

Anima, le typhon imprévisible.

Thérèse est à la Chapelle. La Cardinale lui a demandé de faire des heures supplémentaires à cause d'un commando de retour d'Afrique. « Soixante bites furieuses, a-t-elle dit à ses filles. Faudra serrer les dents. »

Avant que la sonnerie retentisse, Joseph feuilletait les pages d'une encyclopédie.

Il ouvre.

Anima, la fournaise, rousse, rouge…

— Ta mère est chez ses putains ?

Déjà, la petite sorcière est dans l'appartement. Elle regarde les caisses. Elle pose ses mains sur l'une d'elles. Joseph ne serait pas étonné qu'elle choisisse un fusil-mitrailleur, le charge et lui tire dessus. « Je t'aime… Tu ne mourras pas… »

— Tu crois que je n'ai pas remarqué ce qu'il se passe la nuit ?

— Faut pas en parler.

Elle hausse les épaules.

— C'est important ce que vous faites, il faut se battre, il faut protéger Dieu.

— Je croyais que tu t'en moquais. Tu m'as dit la dernière fois que tu te fichais de nos affaires. Quant à Dieu…

— Je mens souvent, c'est comme ça.

— Pourquoi ?

— Parce que la vérité ne suffit pas.

Elle porte un pantalon de toile dure, à la mode bavaroise, et un chemisier aux manches bouffantes.

Anima, le pirate sanguinaire.

Et toujours, toujours ce rythme quand elle marche, déséquilibrée vers l'avant…

— Où est ta chambre ? Elle se trouve au-dessus de la mienne, n'est-ce pas ? Tu m'écoutes, hein, tu essayes de deviner à quoi je pense ?

Joseph rougit mais ne baisse pas les yeux : il les fixe sur elle, il la provoque. « Je t'aime, je te protégerai, ce sera toujours comme ça… »

— Je te ferai souffrir, dit-elle en lui passant la main dans les cheveux, puis elle se dirige vers la chambre.

Quelques secondes plus tard, elle se tient près de son lit.

— Et ça, dit-elle en montrant les dessins éparpillés, qu'est-ce que c'est ?

C'est son amour pour elle.

— Ce n'est rien.

— C'est affreux.

Joseph se redresse. Anima, le feu follet au milieu des congères.

Elle prend son poing.

— Tu devrais jouer du piano. Avec des mains pareilles, tu jouerais Beethoven. Il était détraqué comme toi.

Le contact de la peau d'Anima provoque en Joseph des vagues qui lui remontent par le ventre. Les doigts de la petite sorcière sont fins et secs.

— Je préfère dessiner.

— Tu as peur.

— Non.

— Bien sûr que tu as peur. Mon père pourrait t'apprendre.

— Je ne vois pas ce qu'un déménageur juif pourrait m'apprendre.

— Mon père n'est pas déménageur.

— Accordeur.

— Mon père est musicien.

— Il ne joue jamais…

— C'est devenu dangereux, quand on est juif.

— Qu'est-ce que tu jouais, ce matin ?

Elle fait la moue.

— Schumann.

Elle a éloigné ses mains. Joseph a envie de se jeter à ses genoux.

— Schumann n'est pas comme les autres, dit-il.

— C'est vrai.

— Pourquoi ?

— Dans Schumann, il y a des passages secrets.

— Où mènent-ils ?

— Je ne sais pas. Je ne les ai jamais trouvés. Il faut les emprunter pour savoir.

Après un silence, elle reprend :

— Est-ce que c'est vrai ce qu'on raconte ?

— Qu'est-ce qu'on raconte ?

— Que tu es un fou malade, et qu'à cause de cette maladie les choses inanimées s'adressent à toi, comme si tu avais un pouvoir maléfique.

— Ce n'est pas une maladie.

— En fait, t'es juif.

— Je ne suis pas juif.

Elle s'approche. Elle le prend dans ses bras. Elle serre, elle lui fait mal…

… et elle l'embrasse.

Le baiser dure dix secondes. Elle écarte les lèvres. Elle met la langue. Joseph brûle. Il respire à l'intérieur. « Je t'aime… Tu ne mourras pas… Je t'aimerai toujours… »

Anima, la dose…

Elle recule : la plage se retire, seul l'océan demeure, avec son sel, avec ses bulles d'écume vides et corrosives.

— Dans une semaine, nous déménagerons à Paris. Je serai concertiste, mon père a tout arrangé.

Elle est venue dire adieu. Joseph pense à ce que lui a dit Emmanuel autrefois : « Je pars pour te protéger, j'y vais parce que je vous aime. » À cet instant, il est persuadé qu'Anima, si elle s'en va, disparaîtra. Il ne la reverra jamais. Elle se transformera en croix blanche quelque part. Une croix blanche juive… Quant à lui, il restera seul. Seul avec un grand cimetière dans son âme.

— Je voudrais te demander un service.

C'était la raison du baiser. Elle l'a payé comme une putain.

— Je voudrais que tu t'occupes du cochon.

« Qu'il crève, son cochon, pense Joseph, ou bien qu'il la suive, avec le piano, avec Schumann et avec ses baisers : à Paris. »

— C'est d'accord.

Elle sourit.

— Tu me promets ?

— Oui, je m'en occuperai.

Toujours la voix du chevalier à la rose galopant dans sa tête : « Je t'aime, je t'aime, Anima… »

— Vraiment ?

Joseph a son regard de chien.

— C'est juré.

Elle le regarde droit dans les yeux. Comme ça, elle le soude à son serment avant de s'en aller l'esprit tranquille, à Paris, dans la ville des juifs, au paradis des putains.

— Merci, Gabriel…

Elle quitte la chambre. La porte claque. Joseph flotte dans le Néant.

Quelques minutes plus tard, il entend les marteaux du piano : les phrases de Schumann s'enchevêtrent comme des plaques de béton armé. Elle joue, elle joue méchamment. Elle pleure.

« Je t'ai toujours aimée… »

Les Halbron ont déménagé. Anima n'a plus jamais donné de nouvelles.

Depuis qu'elle est partie, le cœur de Joseph est une bouteille à la mer. Il l'aime encore. Il l'aimera toujours. Il ne sait pas si c'est à cause de son corps, à cause de sa tête, à cause de son père, à cause du Temps ou à cause de Dieu, mais c'est comme ça, c'est en lui, il ne peut aimer personne d'autre. Il a beau grandir, et elle a beau avoir disparu, cela ne change rien. Il en sera toujours ainsi.

Joseph passe le plus clair de son temps dans un magasin de disques près de la gare, où on le laisse écouter Schumann. Il essaye de découvrir les passages dont Anima a parlé. Mais rien : les harmonies ne le conduisent nulle part. Elles ne la lui rendront pas. Il se sent seul. Il passe deux fois par semaine au chalet abandonné pour nourrir le cochon. Il dîne avec sa mère au milieu des caisses de munitions. Il entre au collège, puis au lycée.

Une nuit d'avril 1926, trois ans après le départ d'Anima, il fait un rêve étrange. Elle est clouée à une croix de bois et l'appelle à l'aide : « Sauve-moi ! » Il sent dans sa chair le fer des clous. Il devine ce qui se passe dans la peau d'Anima : les feuillets de la plèvre déchiquetés, les poumons remplis de sang et d'ammoniac, les nerfs thoraciques brossés au crin, l'intérieur des cuisses inondé de merde, les fémurs lourds et fragiles comme des blocs de craie. La croix est invraisemblablement haute, plantée au sommet d'un chemin. Les jambes de Joseph s'allongent telles des racines à mesure qu'il essaye de les dégager du sable où elles sont prises. Anima porte son éternelle robe noire. Elle souffre à mort, pourtant elle rit (elle chante, on pourrait dire) et évidemment elle se moque de Joseph. Les sables mouvants durcissent. « Tu verrais ta gueule, hé, empoté ! » Finalement, la croix tombe. Anima pousse un cri. La terre s'étonne. Après quoi Joseph éprouve un soulagement impardonnable. Le rire de la petite sorcière juive retentit encore, et après lui des sifflements, pareils à ceux qu'émettraient des fusées éclairantes.

Au réveil, Joseph est effrayé. Il n'avait plus ressenti une telle terreur depuis la mort d'Emmanuel. Seule la vue du clocher de la Dalbade pourra empêcher la peur de répandre son venin. Dès qu'il l'apercevra, Joseph reprendra son souffle. C'est son phare. Voilà pourquoi il se précipite pour ouvrir les volets… Mais l'immense flèche a disparu !… À sa place, une plate-forme de cendre flotte au-dessus de l'île de Tounis.

Pris de panique, Joseph descend l'escalier quatre à quatre et court vers l'église, devant laquelle grouille une foule de dominicains et d'ouvriers, de femmes, de vieillards, de pêcheurs au nez rouge, de pompiers, d'agents de police. Le clocher est tombé à trois heures du matin. Sur les façades de la rue des Paradoux s'est déposée une couche de poussière fine et blanche comme une pellicule d'oïdium. La pierre contaminée suinte. Les énormes poutres ont vrillé. Le choc a fendu les cloches d'airain et entortillé leurs battants autour des anses et de la faussure. Les clavicules de l'édifice ont cédé une à une. Les queues-d'aronde sont démolies, la charpente débouclée, les tenons rompus, les arcs-boutants aplatis. La flèche s'est écroulée côté ouest. Sa couverture de plomb tapisse les frontons curvilignes du prieuré Saint-Jean. Une odeur de macération plane. Le plomb chauffe sous les gravats. Joseph aperçoit, horrifié, les bouquets d'étincelles dessinés sur les visages des saints, ainsi que de grosses bulles de chaux nourries par la présence, en dessous, de quelque substance ferreuse. « Papa… » Les quatre registres du clocher sont affaissés. Tourelles, clochetons, tisserons de voûte, liernes millénaires, vitraux et croisée du transept ont été mélangés dans un aggloméré insensé. « Papa… » La pierre a avalé l'air et l'ombre, avant de dégueuler une tornade de cendre.

Joseph avance à travers les décombres. « Papa… » La poussière n'est pas froide. Elle parle. Elle essaye d'avoir un visage. Joseph a soudain la certitude qu'Anima gît sous les ruines avec Emmanuel. « Je t'aime, je t'aimerai toujours… Tu ne mourras pas… »

À deux mètres à peine de l'endroit où il se tient, un agent de police discute avec un homme en costume, gras, procureur peut-être. Joseph essaye de les écouter, mais ne parvient pas à comprendre ce qu'ils disent, comme si les fonctionnaires parlaient une langue oubliée des hommes, proche de celle des animaux, ou bien comme si l'oreille de Joseph ne savait plus faire le tri entre consonnes et voyelles.

« Papa… »

Les pompiers s'affairent. Joseph les rejoint et plonge ses mains, comme eux, dans la soupe de gravats. « Je t'aime… Tu ne mourras pas… »

— Vous devriez sortir d'ici, jeune homme, c'est dangereux. Vous êtes pâle… Qu'est-ce que vous cherchez ?

— Mon père !

— Était-il boulanger ?

— Les Denax…

— Ils sont morts. Dieu soit loué, il n'y a pas d'autre victime.

— Leur fils !

— Emporté sur une civière.

Joseph imagine les Denax écrabouillés, dans le sang. Son rêve ne le lâche pas : Anima est en danger de mort, peut-être déjà morte… Non… Il la protégera…

— Y avait-il une fille ? Une juive ?

Rire satanique du pompier.

— Qu'irait faire une juive dans une église ?

Dans une tente de fortune installée rue des Polinaires, le père André veille les corps de Pascal et Anne Denax. La kératite lui a égratigné les yeux. Il ne prie pas.

— Mon père, mon père…

— Je sais.

Joseph fond en larmes. Le curé le prend dans ses bras.

— Mon père…

— Je sais.

Le soir, Joseph ne touche pas à son dîner.

— Parle-moi, implore Thérèse, bouleversée.

— C'est ma faute. J'aurais dû les protéger.

— Mais qu'est-ce que tu racontes !

À ce moment, Joseph voudrait se jeter dans les bras de sa mère, crier ou bien frapper un mur de toutes ses forces.

— J'aurais pu les sauver.

— Tu n'y es pour rien.

— J'aurais pu, maman.

Alors Joseph prononce une phrase que Thérèse n'a plus entendue depuis au moins dix ans – et c'est comme si cette phrase remontait à la manière d'une bouée coincée à des centaines de mètres de profondeur, qui, décrochée, surgit entre deux vagues.

— Je te vengerai... Je te vengerai, et je vengerai papa.

Pascal et Anne Denax sont les seuls à avoir succombé à l'effondrement du clocher de la Dalbade. Au total, on dénombre deux morts et neuf blessés : un miracle (à l'heure de l'office, ils auraient été deux cent cinquante). Michel Denax a été envoyé dans un centre pour blessés de guerre près de Limoges. Joseph espère sans trop y croire qu'il en aura profité pour devenir infirmier ou médecin, puisque c'était son rêve.

La chute du clocher a ancré en Joseph une certitude : Anima est en danger. S'il ne fait rien, elle sera tuée. Il entreprend des recherches, téléphone au Conservatoire national de Paris et à plusieurs écoles de musique à Rouen, Lille, Strasbourg, Orléans, Dijon, Bordeaux, Limoges, Lyon. Si parfois on connaît le nom d'Igor Halbron, personne n'a entendu parler de lui ou de sa famille depuis des années. Son rêve le hante : Anima est là-haut, clouée à la croix, elle ricane, elle l'appelle, elle souffre le martyre, ses poumons se déchirent, mais Joseph a les jambes coincées dans le sable. La distance, c'est le sable. La distance, la bêtise, le Temps… Dessabler, vite, ou bien elle mourra. La retrouver, ou bien elle disparaîtra. Elle disparaîtra vraiment.

Joseph se rend presque tous les jours à la Chapelle, où la Cardinale le laisse utiliser le téléphone autant qu'il veut. Les filles, là-bas, depuis la catastrophe, sont sur les nerfs. Elles râlent, puis on les entend rire tout à coup, et elles ne sont pas unies comme on pourrait croire, pas plus qu'elles ne sont des « sœurs », ainsi que le prétendent certains clients plus obsédés que les autres. Si en général elles se serrent les coudes, mues par un instinct de solidarité comparable à celui des plantes poussées l'une contre l'autre plutôt qu'à celui des membres d'une même famille, il n'est pas rare non plus de les voir s'affronter. Au mieux, elles s'insultent. Parfois se battent. S'accusent de vol sans cesse et, de fait, toutes volent : crèmes, parfums, vêtements, pièces de monnaie – c'est un jeu entre elles, un méchant jeu qui n'a pas d'autre but que de donner des motifs à une haine qui sans cela ne tarderait pas à devenir incontrôlable. Elles se disputent les clients les plus généreux. Elles ont des crises d'hystérie à force de faire semblant. Semblant d'être consentantes. Semblant d'être légères. Semblant d'aimer ça. À vingt-cinq ans, elles sont cinquantenaires ; à trente, leur lassitude est celle des urnes funéraires. Si l'une d'elles frappe un client, la Cardinale la congédie, alors la fille s'en va en hurlant des injures puis revient deux ou trois jours plus tard gratter à la porte, parce qu'elle a un môme à nourrir, un père à soigner, une mère trisomique. La Cardinale la reprend à moins vingt pour cent et, quelques heures plus tard, la fille casse la baraque dans une robe de soie sauvage, elle se marre, elle aguiche, elle semble immortelle.

Les filles ont des poux. Elles transpirent. Elles tètent l'huile de foie au goulot. Elles sucent des dragées à la résine, de la pâte, des écorces de gentiane. Elles boivent de la bière, beaucoup. Elles donnent des coups de pied au Hollandais pour rire, et quel rire, hein, combien de souffrances, combien de désillusions dans ce rire. Mais à Joseph, elles ne feraient de mal pour rien au monde, car il est le seul à ne pas les mépriser ou les plaindre. Lorsqu'il apparaît, les bagarres s'arrêtent, la tension se dissipe, une tranquillité de monastère règne soudain sous les tentures rouges. Les filles échangent leurs crèmes et leurs bijoux. Elles sourient. Elles se font des confidences. Et chacune sait que cela serait impensable sans la présence de ce garçon qui ressemble à un santon de crèche.

Joseph, de son côté, apprécie la compagnie des prostituées davantage que n'importe quelle autre ; il aime leurs phrases chaudes, épanouies dans les tissus, sous la lumière des becs de gaz, leurs dentelles quintessenciées, leur cuir, leurs robes à brandebourgs toujours un peu sales, leurs corsets, et ces ampoules d'éthyle qu'elles fourrent dans leurs décolletés comme si elles plongeaient un glaçon dans un café brûlant. Il lui suffit de leur tâter le poignet pour savoir si elles sont enceintes ou malades. Il observe la couleur de leurs yeux pour prévenir les troubles du pancréas. Il hume leurs urines (pomme : crise d'acétone ; soufre : polyarthrite ; ammoniac : ménopause) et détecte le sel sur leur peau, les tétons durcis, les cheveux ternes, fourchus ou gras, les exhalaisons âpres près des orifices, les ongles friables, de façon à leur épargner, quand cela est possible, les formes les plus sévères d'infection. Il suffit qu'il le suggère pour que la Cardinale en mette une au vert quelques semaines. « Relevailles », déclare-t-elle. Joseph sait également interpréter la chaleur des veines et la dilatation des pupilles, et prévoir le moment de l'ovulation, de sorte que ces jours-là les filles travaillent uniquement avec la bouche et les mains (« Comme si elles communiaient », ricane la maquerelle).

Parmi les putains, il y en a une plus jeune que les autres, d'à peine cinq ans l'aînée de Joseph. Celle-là s'appelle Ninon.

Ninon a une coupe de garçon manqué, des cheveux blonds, ternes. Sa figure eût été agréable, n'était un strabisme interdisant à son interlocuteur de savoir ce qu'elle regarde, ou même si elle regarde quelque chose, et à cause duquel les clients, même les plus pervers, exigent qu'elle ferme les yeux. Avant de venir à Toulouse, elle vivait près de la frontière italienne, dans un village de barakis siciliens haïs par la population alentour. À qui veut l'entendre, elle raconte que son père et son oncle sont morts au front – l'un parce qu'il s'est mutiné, l'autre parce qu'il a trébuché sur le cadavre d'un cheval – et que ses frères sont devenus des jésuites après l'avoir déflorée dans la réserve d'une épicerie, entre les sacs à grains et les jambons. Pour autant, elle ne se plaint pas. Au contraire, quand elle relate comment elle a été violée et battue dès l'âge de douze ans, elle se force à rire, elle veut faire peur et « déranger l'ordre bourgeois qui est précisément celui des violeurs et des assassins ». Elle parle aussi de ses rêves de devenir artiste de cabaret, payée au chapeau, courtisée par des dessinateurs ivrognes et drôles, paresseux, fous d'amour. Elle soupire en levant les yeux au ciel chaque fois qu'une putain évoque la politique ou le diable sait quelle affaire sérieuse. Elle se prétend nietzschéenne. Et n'est pas « une poule ». Et d'insister : « Je ne suis pas la Pitié. » Elle dit à Joseph qu'il devrait jouer de l'harmonica, et qu'un jour elle lui en offrira un gravé à son nom ; il la remercie et ça la comble de joie. Mais elle n'est pas toujours gentille. L'humeur des pauvres parfois la rattrape. Elle ment, elle réinvente, elle surajoute. Joseph ne la juge pas. Peut-être n'est-elle pas née près de l'Italie après tout, peut-être que les livres qu'elle prétend avoir lus, elle ne les a pas ouverts, mais qu'importe. Elle cherche à s'accrocher à une blessure, Joseph le sait.

— Un jour, tu m'enlèveras.

Et elle ajoute avec une emphase qu'elle voudrait pareille à celle de Sarah Bernhardt, dont elle a à peine entendu parler :

— Je porterai ton feu.

Ninon est la seule employée de la Chapelle à ne pas être apaisée par la présence du garçon. Au contraire, il suffit qu'elle le sache dans les parages pour s'agiter. Elle parle le plus fort possible et, tout à coup, ce sont des torrents de larmes. De tels changements excitent les clients, qui les prennent pour eux. Elle les suit, elle s'esclaffe, elle hurle, elle les gifle, elle les mord, elle se roule à leurs pieds. Il lui arrive de laisser la porte ouverte en espérant que Joseph passera dans le couloir, mais souvent elle se relève, court vers la porte et la claque comme si le Paraclet en personne s'apprêtait à entrer, et elle s'effondre, haletante, elle vomit, elle se signe. Parfois, quand elle croise Joseph, elle lui dit qu'il n'est qu'un morveux et qu'il n'a rien à faire là, qu'elle est morte, de toute façon, celle qu'il cherche, qu'il n'est qu'un idiot atteint d'une bêtise incurable, un fils à maman bon à rien, et c'est bien, c'est bien fait pour lui si son père qui était sans doute un violeur a trébuché sur un cadavre de cheval au milieu du champ de bataille. Joseph ne répond pas, elle ricane, mais, vingt minutes plus tard, elle vient le trouver pour lui demander pardon, elle pleure, « je ne peux pas m'en empêcher » ; il pardonne, bien sûr, il pardonnera toujours, et le lendemain elle fait presque comme si elle ne le connaissait pas, elle le prie d'apporter de la limonade ou de préparer du café, et le surlendemain elle joue l'amie, la grande sœur, elle lui parle de son village et de ses rêves de jeune fille : le cinéma, la haute couture, les bals. Le jour d'après, elle l'insulte, elle lui jette à la figure des fruits avariés, des œufs durs, des croûtons de pain ; il doit l'éviter, se cacher, mais jamais il ne rend les mots, jamais il ne répond à ses coups. Le manège reprend : les excuses en larmes, l'indifférence, l'harmonica, puis les insultes, les coups, les excuses, etc.

Ce jour-là, en rentrant chez lui après avoir téléphoné pour la sept cent soixante-dix-septième fois au Conservatoire de Paris afin de leur demander si, par hasard, ils n'avaient pas des nouvelles d'une pianiste juive nommée Halbron, Joseph aperçoit, appuyée contre le pilastre du pont de Tounis, une bicyclette au cadre oxydé, constellé d'hématites brillantes. Un homme l'a laissée sur la berge, peut-être une femme, mais disons un homme (le vélo est abîmé comme celui d'un homme ; quant à sa chaîne, elle est lubrifiée au distillat de pétrole, comme le serait la chaîne d'un homme), et cet homme à coup sûr est celui qui remonte à présent la rue, vaguement châtain, fonctionnaire, plus exactement un facteur. Il porte un pantalon de toile, une cape d'uniforme en feutrine, avec col de cuir, boutons d'acier, ourlet. La gomina de ses cheveux a coulé sur son front à cause de l'effort, puis figé comme de la pommade. En le voyant, Joseph a la certitude que c'est l'homme qui a déposé autrefois la lettre à l'avoine et au cinabre annonçant la mort du lieutenant Portedor. C'est le même visage curieux. L'homme glisse une enveloppe dans la boîte aux lettres du 6, rue du Pont-de-Tounis. Joseph sait qu'elle est pour lui. La lumière d'avril est laiteuse. Le facteur enfourche son vélo.

— Monsieur ! Monsieur, arrêtez-vous !

Le facteur remonte à vive allure vers la halle aux poissons. Joseph lui court après, genoux haut, respiration de plus en plus saccadée. Si on l'arrêtait pour lui demander pourquoi il poursuit un facteur, il répondrait : « C'est pour sauver mon père et retrouver l'amour de ma vie. » Hélas, le facteur a disparu. Ce n'était rien.

A-t-il rêvé ?

Non : dans la boîte, il y a une lettre pour lui, et c'est son écriture, son parfum : Anima…

Le chevalier à la rose brandit son épée.

Dans l'enveloppe, ce n'est pas exactement une lettre. C'est une carte postale, et, sur cette carte, ce n'est pas un paysage d'hiver avec des clôtures et des troncs de hêtre fendus sous la neige, pas plus qu'il n'y a le portrait de Schumann en lavallière aile de corbeau – ni la tour Eiffel, le palais des Doges ou les falaises de Sercq. Sur cette carte, il n'y a rien. C'est un morceau de carton blanc, blanc cassé, indémêlable, au dos duquel la fille-que-l'on-sait a écrit :

N'oublie pas mon cochon

Rien d'autre…

Elle a utilisé une encre à la noix de galle bleu nuit, broyée avec des écorces. Joseph peut deviner la présence des tanins et du sulfate de cuivre à peine surdosé. C'est la même encre que celle du père André, plus fluide et plus chère que celle qu'achète Thérèse.

La carte était dans une enveloppe de papier semi-mat, collée à la gomme. Aucune adresse d'expéditeur, seulement un timbre perforé : « Seine-et-Oise ». Joseph se précipite à la Chapelle pour appeler les régies de Seine-et-Oise. Puisque cela ne donne rien, il court ensuite à la poste consulter l'annuaire de la nation. Après quoi il retourne à la Chapelle et téléphone aux standards des départements voisins. Peut-être Anima a-t-elle demandé à un ami de poster la carte depuis un lieu qui ne permettrait pas de remonter jusqu'à elle ? S'il avait de l'argent, Joseph embaucherait un détective. En tout cas, elle est en danger. Il en est persuadé.

Il conserve la carte sous son lit et régulièrement la ressort, la soupèse, la renifle, détaille les scories du carton laminé, son blanc nuageux, l'encre, le tracé des lettres. Il essaye d'imaginer le poignet de la petite sorcière méchante à travers la peau duquel on distingue le réseau des veines vert-de-gris, ainsi que certaines fossettes de l'âge tendre ; il essaye de se figurer les doigts obscurcis par l'encre, et les callosités de la deuxième phalange. Il scrute l'enveloppe à la recherche d'une rune magique. L'hésitation sur le *n* du « Pont » est impossible à interpréter ; quant à la très légère pointe sur le *s* de « Tounis », elle semble indiquer qu'Anima était pressée. Joseph recopie les lettres et tente de contrefaire un tremblement similaire, la même hésitation, les mêmes courbes, la même pointe légère. Mais ce qu'il y a de plus fascinant sur cette carte, c'est le blanc autour des mots. Blanc comme de la peau. Blanc comme les touches d'un piano. Blanc comme les yeux d'un aveugle. Blanc comme une culotte. Blanc comme des oiseaux de mer. Le blanc des perles, celui des croix de Verdun, le blanc du sable dans les îles Vierges, le blanc du roi David et de l'écharpe des mousquetaires, le blanc des statues, celui de la lune, et celui des Pyrénées quand elles s'envolent au milieu du ciel et deviennent blanches, blanches tout à coup, comme tout ce qui dans ce monde est immémorial et parfait.

… blanc comme, sur une blessure profonde, une goutte de lait.

Thérèse a intégré le réseau des communistes espagnols. Elle n'est pourtant ni communiste ni espagnole, et à vrai dire ne se sent pas concernée le moins du monde par la Fortune de ceux-ci ou de ceux-là, mais des ombres, oui, de la patrie des marcheurs pâles. Et, comme toutes les veuves, elle s'inquiète pour son fils, persuadée que Jésus, le premier communiste espagnol de la Terre – Jésus dont la mère se faisait un sang d'encre –, a autre chose à faire que de veiller sur l'orphelin d'un lieutenant dégringolé au champ d'honneur moins pour la gloire du Dieu vivant que pour celle de la patrie. Alors elle lutte, elle participe… Elle le fait pour lui.

Et elle boit, elle boit…

— Je vais me débrouiller pour être immortelle avant toi, dit-elle à Joseph, comme ça, je roulerai la pierre du tombeau.

Deuxième bouteille de la journée.

— Oh, mon garçon, mon pauvre petit chéri…

Les communistes, espagnols en particulier, ont le don de transformer les mères pauvres en saintes ou en reines. Ce bout de femme aux yeux de porcelaine fendue ne peut être d'après eux qu'un ange du Seigneur. Quant à

Joseph, ils l'observent avec crainte, incapables de dire si sa sensibilité est un don de Dieu ou du Dragon, et si elle est censée faire de lui un bourreau ou un chevalier (bourreau chevaleresque, sinon chevalier tortionnaire...).

Joseph les trouve lourdauds, superstitieux, mais il ne les déteste pas.

Un soir, dix-sept communistes accostent en radeau les berges de la Garonnette. Ils cherchent une planque. Thérèse n'est pas là. Ils n'ont jamais été aussi nombreux. Joseph pourrait en cacher cinq ou six, mais Thérèse ne sera pas d'accord. Au loin, on entend des sirènes de police. Les faisceaux de lumière dessinent des losanges sous les étoiles.

— Je connais un endroit. Suivez-moi.

Deux fois par semaine, Joseph se rend au chalet abandonné. Il passe sous le buisson des digitales. Le jardin est une jungle. Des feuilles mortes couvrent le parterre de glaise noire. Racines blanches, nuisances volatiles, toiles d'araignées, fleurs fermentées, nids d'hirondelles, lombrics, râpures de silice, fientes de chauves-souris, grappes de ratons confondus par le soleil de midi, mûriers, papier journal décomposé : tout est vivant, tout a déjà ressuscité. Joseph doit enjamber les guillochis de ronces et les orties pourpres. Il dégage ensuite les planches de bois barrant l'ancienne porte grâce à un pied-de-biche qu'il a pris soin de dissimuler derrière un volet, puis pénètre dans un vestibule humide. Au bout du couloir, Lamour, réveillé par le bruit, s'agite.

Les premiers temps, cela n'a pas été facile. Le cochon refusait de s'alimenter. Il essayait de mordre Joseph, ou bien de le renverser, et le faisait avec tellement de hargne que le garçon a plusieurs fois imaginé qu'il s'empresserait de le dévorer si par malheur il venait à perdre l'équilibre. Cependant, à la longue, un lien s'est créé entre eux qui relève moins de l'amitié que du respect, et d'une manière pour l'un comme pour l'autre de demeurer fidèles à Anima.

Lamour est plus gras, plus sale, plus triste. En le retrouvant, Joseph a l'impression qu'il a pleuré. Sa couenne, piquée de points noirs et couperosée, a épaissi. Les pores de sa peau, sous le ventre, sont garnis de croûtes jaunâtres. Au bord de ses yeux, comme à une corniche, les crottes de chassie s'accrochent. Le cérumen lui fait sous les oreilles des ongles d'ambre. Son haleine exhale des relents de soufre. Le maïs a gratiné entre ses molaires, laissant sur sa langue, dans les villosités, des essaims de bactéries. L'émail des dents est cassé, les nerfs à vif sont dévorés par les aphtes, et les gencives nécrosées et granuleuses. Les poils de ses sourcils jaillissent en touffes depuis les balles de graisse des paupières.

Joseph vide l'écuelle. Il ramasse les excréments. Il verse sur le sol un kilo de maïs, des pelures de légumes, des panais, des pommes de terre, des artichauts gâtés. Pendant que la bête bâfre, il la caresse. « Je veillerai sur toi… Je te protégerai… » Parfois, il se promène avec Lamour dans le chalet et lui parle comme à un ami.

Au moment de repartir, après avoir poussé le verrou de « la chambre », Joseph replace les planches. Il scrute les alentours, afin de s'assurer que le barbet noir aperçu parfois n'est pas en train de guetter. Ce chien au pelage charbonné et à l'œil rouge a probablement reniflé la présence du cochon. Joseph a dû le chasser à plusieurs reprises. Il a renforcé les palanques de la porte d'entrée.

Un jour qu'il sortait du chalet, il s'est arrêté quelques instants pour observer la maison des Mabillard. Tout était de nouveau en ordre chez eux : le piano, les meubles, la verrerie, les assiettes. Madame s'ennuyait dans un canapé, pendant que monsieur s'exerçait au piano. Puis le professeur a allumé une cigarette et promené un regard satisfait sur la bibliothèque du salon, comme s'il s'agissait d'une espèce de miroir. « À table », a dit sa femme. Elle avait cuisiné une vichyssoise.

Joseph amène les Espagnols dans la nuit jusqu'au chalet. Leur chef s'appelle Juan, un Andalou gaillard qui porte des lunettes et boitille légèrement. Il est le seul à parler français. Avant de rejoindre la révolution, il négociait du vin pour des grossistes basques. En voyant dix-sept gars franchir un à un le buisson de digitales, Joseph a la certitude de trahir Anima. Il vérifie que les Mabillard sont couchés, puis sort le pied-de-biche et déplaque la porte d'entrée. Il entend Lamour s'agiter au bout du couloir, et après trois secondes il fait signe à Juan.

Les Espagnols prennent possession du chalet. Joseph vient de leur offrir la base arrière dont ils rêvaient : un endroit pour stocker le matériel et se cacher, loin du tumulte du centre-ville et des trafiquants des zones périphériques. Il décide de ne pas en parler à Thérèse, qui lui reprocherait d'avoir fourni une planque aux communistes et de s'être mis, de fait, en danger, coupable devant la loi d'avoir prêté la main à des guérilleros étrangers.

Les Espagnols lui jurent de n'en parler ni à Thérèse ni à la Cardinale ni au père André, et de ne faire aucun mal à Lamour. Deux d'entre eux ont un fou rire. Le cochon, prostré, évite le regard de Joseph. Il respire fort, immobile, puant, trahi.

— Un chien noir rôde dans le quartier…

— Ne t'en fais pas, dit Juan, on va en prendre soin de ton cochon.

— Mais ce chien, c'est…

— Ne t'inquiète pas. Il sera en sécurité. Nous ne laisserons pas les chiens fascistes manger notre *tosino* international !

Juan inspecte le chalet pièce après pièce, répartissant les rôles et les fonctions. Il vérifie les plinthes, la fermeture des volets, et parle de consolider, renforcer, maintenir. Déjà, il est chez lui : habitué, habitant… Le chalet n'est plus abandonné.

En partant, Joseph remarque de la lumière chez les Mabillard, au premier étage. Le professeur de piano a-t-il entendu ou aperçu les communistes ? A-t-il prévenu la police ? La lumière s'éteint. Joseph reste caché sous les digitales. Des automobiles passent sur le boulevard. Il est de plus en plus fatigué. Les Espagnols ne font pas le moindre bruit. Finalement, il se lève et franchit la clôture. Quelques mètres plus loin, à l'angle de la rue de la Concorde et du boulevard d'Arcole, un barbet fouille une poubelle. Joseph lui donne la chasse dans les rues calmes.

Les mois sont passés, puis les années, huit ans, la vie. La Dalbade a été reconstruite, cette fois sans clocher, et un square aménagé à la place de la boulangerie. Onze micocouliers ont été plantés en souvenir des morts et des blessés du 11 avril 1926. Jamais Michel Denax n'est revenu dans le quartier.

Joseph a continué de chercher les Halbron. Il a appelé des milliers de fois les écoles de musique, les caisses d'épargne, les standards départementaux, les pénitenciers, les orphelinats. Le chevalier à la rose dans sa tête ne s'est jamais tu : « Je t'aime. Je t'ai toujours aimée. Tu ne mourras pas. Je te protégerai. » Mais rien, pas la moindre trace, comme si Igor, Sofia et Anima n'avaient jamais existé. Pourtant, elle est en danger, Joseph en est convaincu : c'est en lui-même aussi évident qu'autrefois le cancer de M. Gélizet. Il a parfois envie de partir à pied, droit devant lui, et de gueuler « Anima ! » jusqu'à ce qu'elle réponde.

Après le lycée, il a été embauché à la bibliothèque Saint-Rémésy. Il y cohabite avec les mots, leur peau d'encre, leur clarté, leur texture, les joues des voyelles, les hampes des consonnes. Chaque livre, c'est quelqu'un.

Souvent, il en ouvre un au hasard. Son métier consiste à ordonner la cosmogonie des étagères, de façon à protéger des trésors qui autrement tomberaient aux mains de Dieu seul sait qui pour devenir Dieu seul sait quoi. Il passe des jours et des nuits plongé dans la chrysalide du répertoire ; des semaines en compagnie d'Homère, Eschyle, Shakespeare, Malherbe, Racine, Verlaine et Dostoïevski. Les livres ont une vie. Joseph traverse leurs nervures, leur goitre d'écaille, leur vélin, leurs onglets. Il observe comment l'encre de certaines lettres rondes (*b*, *c*, *d*, *o*, *p*) a aplati le relief de la page. Il devine aussi les provenances : cuir français, enluminure de Hollande, diastole surmontée d'un accent aigu typique des imprimeries anglaises, œillet espagnol, queue-de-page à la mode bourguignonne, sang-dragon italien, aquatinte normande, grainage helvète.

Le chalet abandonné est devenu la plaque tournante de la lutte révolutionnaire espagnole. Tandis que les guérilleros font leurs affaires, Lamour reste dans « sa chambre ». Ils lui donnent leurs massacres d'oignons, leurs épluchures ainsi que des coquilles d'œufs qu'il lèche jusqu'à les rendre molles. Obsédés par *La Légende dorée* comme à peu près tous les Espagnols, les communistes comparent Joseph à saint Antoine.

Et le barbet, de plus en plus maigre, rôde…

Anima n'a pas envoyé d'autre carte. Les seules nouvelles parvenues à Joseph sont, si l'on peut dire, les « Mort aux juifs » graffités sur les façades des maisons d'ouvriers. La peinture utilisée pour écrire ces trois mots est rouge, sombre, à prise rapide ; elle fait des chapelets de gouttelettes où le pinceau a insisté. Un jour, Joseph en aperçoit sous les ongles d'une fille de la Chapelle.

— Pourquoi me regardes-tu bizarrement ? demande-t-elle.

— Pour rien.

— Tu es un ange. Les anges ne peuvent pas regarder les filles de cette façon.

Lorsque Joseph voit pour la première fois une photo d'Adolf Hitler dans le journal, il la contemple de longues minutes. Il scrute sa moustache drue, ses yeux tombés, les boursouflures sur les ailes du nez – puis surtout l'absence de lèvres, comme si on avait ôté la chair au cutter. Les mois suivants, il ne se lasse pas de détailler ce visage auquel le manque de joues donne la silhouette d'un pouce sur lequel des cheveux sans volume auraient remplacé l'ongle. Les pupilles sont hautes, proches des sourcils, et les paupières couvertes d'une ombre qui n'est pas imprimée par les cils, mais directement par les orbites du crâne, au-dessus desquelles s'ouvre un front comme un casque de fer. Quel genre de tableaux cet homme a-t-il pu peindre, puisqu'on prétend qu'il était peintre ? Joseph imagine des formes géométriques, rien qui tremble.

Le contenu des journaux, depuis qu'ils publient des photos d'Hitler, a changé. Les journalistes choisissent des phrases qui ont plus de force d'inertie – et qui à cause de cela abîment les pages. Les secrétaires de rédaction ont adapté les polices d'écriture, troquant la didone à empattements classiques pour la réale à empattements répandus. Lorsque les anciens mots réussissent à se trouver une place au milieu des nouveaux, leurs voyelles, au lieu d'ouvrir, avalent. Quant à la ponctuation, encore déliée et florale en 1928, elle s'assèche à partir de 1929, et donne aux phrases un rythme syncopé, dont les accélérations suggèrent des coups de bélier sur une porte dont on s'apercevra une fois défoncée qu'elle n'était pas fermée à clef. Insérées dans les colonnes, les photos d'Hitler et de ses troupes occupent un espace jusque-là propriété de la langue de Molière.

Un matin, Joseph ne trouve pas le journal à l'endroit habituel.

Thérèse tricote. Elle cache quelque chose. Regard dégradé, mains rougies par le tensioactif de la lessive. Elle sourit. Ses joues, depuis l'année dernière, sont tombées.

— Maman, est-ce que tu as vu le journal ?

— Pourquoi lis-tu ces âneries ?

Thérèse frotte son nez d'un geste bref, involontaire, l'aiguille encore à la main. Son regard est maintenu au-dessus de Joseph, à la hauteur du front. Le rythme de son cœur n'a pas accéléré, mais les battements sont marqués. Elle compense, elle ment.

— Maman…

Elle se sait trahie.

— Je ne l'ai pas.

Elle se redresse, écarte les bras, pose l'aguille.

— Des filles de la Chapelle t'ont aperçu rue de la Concorde. Elles ont dit que tu rôdais.

Joseph n'a jamais parlé du chalet à Thérèse. Il bégaye. Il n'a pas vu le coup venir. Il a essayé pourtant d'être discret.

— Rue de la Concorde, je sais même pas où c'est.

Thérèse y va de son hypothèse.

— As-tu une amoureuse ?

Elle fait comme si c'était léger, mais en réalité elle est bouleversée. L'idée d'une autre femme dans la vie de son fils, c'est l'idée du Temps.

Joseph a les mêmes symptômes que sa mère quelques secondes plus tôt : démangeaison du nez, cœur qui hésite. Le sol sous ses pieds, c'est du caramel.

— Je ne sais pas de quoi tu parles.

Il ment, elle sait.

— Tu as le droit de voir des filles, à ton âge. C'est normal que ça te titille.

Elle parle comme une prostituée de la Chapelle. À force de les côtoyer, elle aura adopté certaines de leurs attitudes.

Tout à coup, elle s'assombrit.

— Elle n'est pas juive, au moins ?

— Mais qu'est-ce que tu racontes !

— C'est un homme ?

— Maman…

— Une vieille ?

— Arrête.

— Tu fais ce que tu veux, tant que tu ne fréquentes pas de juifs.

Elle ouvre le tiroir où elle a caché le journal.

— D'ailleurs, tu te souviens de la youpine qui vivait ici autrefois ?

Thérèse lui tend *Paris-soir*. Joseph reconnaît sur la une Anima devant son clavier, concentrée, sourire en coin… son sourire, son scintillement – accompagné de ce titre :

Halbron joue Schumann : classicisme et virtuosité

Les semaines suivantes, Anima est citée dans tous les journaux. D'après les chroniqueurs, elle est « la bouffée d'oxygène d'une Europe endormie : une réminiscence des années folles dans la torpeur du krach boursier ». Son visage concurrence celui d'Adolf Hitler. Un récital au Théâtre des Champs-Élysées a propulsé la locomotive de sa gloire. Un critique a même prétendu que la musique allemande, grâce à elle, était « plus éternelle que jamais, c'est-à-dire plus française ». Il n'en fallait pas moins pour faire monter en neige le nom d'Anima Halbron. Joseph l'imagine en train de frapper à l'arme lourde les touches du piano, cheveux au vent à travers les harmonies, dans les contrepoints hébraïques, à Paris... Pour en parler, les journalistes choisissent des mots à attaches, des phrases à volutes, ils lui tressent des lauriers frissonnants. Le kiosquier des Carmes n'hésite pas à prétendre qu'il l'a connue.

Anima ne semble pas avoir besoin d'être sauvée. Pourtant, la certitude de Joseph demeure : elle court un grand danger. Doit-il aller la chercher dans une salle de concert ? franchir le cordon de sécurité, gueuler, se bagarrer, l'enlever ? « Je t'aime. Je t'ai toujours aimée... »

Tous les jours, il lit les journaux. Il essaye de voir ce qui cloche, comprendre la nature du danger, confirmer un pressentiment. Il sent la sève des arbres utilisés pour le papier. Il repère les taches minuscules dues au transport. La cellulose lui entre dans le nez : reflux végétaux, substances fibreuses malmenées par des machines, houille blanche. S'il y a une photo, il la décalque. Certains journaux, les moins chers, ont des papiers à la fois plus opaques et plus absorbants, les copeaux étaient moins denses, la résine plus fraîche, alors que les journaux bourgeois ont recours à de la pâte Belledonne ou Vercors. Joseph passe la feuille à la lumière pour distinguer les paillettes de cobalt, caractéristiques des processus de séchage accéléré. Puis il découpe la photo et… la mange. Il mâchouille. Il avale en pleurant. L'encre lui donne la nausée et laisse sur son palais un goût de chanvre caractéristique du sulfate de fer. Tant pis, il avale, il pleure en vomissant ; au moins, Anima lui fait quelque chose.

Un soir, il décide de lui envoyer une lettre. Il choisit une encre au noir d'aniline.

Il écrit, et il boit, lui qui ne boit jamais – il boit parce que, sans cela, cette lettre, il n'aura pas le courage de la poster. C'est un vin de Chinon, dont le verjus trouble la robe. Portedor le bibliothécaire écrit à l'amour de sa vie. Une heure plus tard, on le retrouve titubant à la poste. Sur l'enveloppe (pâte à papier demi-blanchie, cinquante grammes, faux pli), il a tracé en capitales :

THÉÂTRE DES CHAMPS-ÉLYSÉES / PARIS

Anima l'animal,

Tu dois avoir bien froid dans tes pianos laqués et tu dois aussi avoir bien de la peine puisque tu n'es pas à Toulouse où la vie est en vérité.

Je t'écris pour te prévenir : TU VAS MOURIR. TU DOIS RENTRER.

Ton cochon boit et mange comme le silence. Du coup, il chie des ténèbres. Sa viande rose est pourrie ; ses gencives, c'est l'Enfer. Il me déteste, tu sais. Je le nourris mais il me déteste et je le déteste aussi, et c'est bien, c'est très bien comme ça. Je suis son patron après tout, or Lamour, figure-toi, est communiste. C'est surtout un couillon qui vient à la caresse comme à l'urinoir : fidèle, malade, ingrat, bolchevique, prince. Salopard d'ouvrier.

Il m'a confié un message à ton intention : TU VAS MOURIR, ANIMA. TU DOIS ABSOLUMENT RENTRER.

Tu dois être devenue bien riche avec ton talent et tes scènes artistiques et ces tours féminins ad ultra *que tu dois leur jouer, à ces andouilles, pour leur faire croire à Dieu sait quel démon rémunérateur. Tu dois en avoir engrangé, hein, des millions que t'as pas un copain à qui les filer.*

C'est ton père le maquereau qui doit être content, refait à neuf, comme il voulait. Je l'imagine en train de tortiller dans l'or. Un gouffre de solitude. Et moi, à vrai dire, je suis seul, tu sais, dans ma caverne sans feu, et il n'y a pas un rubis à croquer.

RENTRE, JE T'EN SUPPLIE.

Nous sommes les tourmenteurs des Mabillard. Ta sale bête des évangiles leur a renversé leur salon. Plusieurs fois, j'ai voulu l'y remettre, par la trappe, mais sans toi, c'était pas pareil, alors je les ai laissés, ces bourgeois, clapoter dans leur porcelaine.

TU ES EN DANGER, ANIMA.

Je dois te protéger. C'est comme ça. J'ai bu aujourd'hui comme ma mère d'habitude. Pendant que j'écris, le vin fait des éléphants dans mon estomac. Anima… Qu'est-ce qui nous est arrivé ? Où es-tu ? Je dois te protéger…

REVIENS OU TU VAS MOURIR.

Voilà,
Joseph

Six mois après avoir posté sa lettre (ce qu'aussitôt il regretta, d'autant que l'alcool et le chagrin l'empêchaient de se rappeler ce qu'il avait écrit), Joseph découvre dans la boîte aux lettres une enveloppe sur laquelle il reconnaît l'écriture d'Anima. Une réponse ! Mais voilà que le père André surgit comme s'il obéissait à un ordre divin.

Joseph range l'enveloppe sans avoir pris le temps de la décacheter.

— Les fascistes espagnols ont débarqué. La police les laisse faire. Elle les aide.

Le prêtre n'a pas peur. Sur Terre, pas d'armistice. Le Royaume, c'est pour après. En attendant : combattre…

— Ils vont s'en prendre aux communistes. Ils ont enlevé la Cardinale.

Joseph comprend que l'heure est grave, malgré cela il n'a qu'une envie : aller où il ne sera pas dérangé, ouvrir l'enveloppe.

— On parle d'un repaire, poursuit le père André, une planque que personne ne connaît. Les fascistes ne s'arrêteront pas avant de l'avoir trouvée.

— Et la Cardinale ?

— Ils vont la torturer.

— Elle ne parlera pas.

— Mon garçon, la torture…

Le prêtre marque une pause.

— Les phrases que la douleur prononce à notre place, si tu savais…

— Elle ignore où les gars sont planqués. C'est moi qui les ai rencardés.

— Tu ne devrais pas me dire ça.

— Vous vous serez enfui avant qu'ils vous attrapent.

— M'enfuir !

— Oui, je m'en occuperai… Un garçon à moitié dingue et sa mère alcoolique : ils ne nous soupçonneront pas. La Cardinale ne dira rien. En revanche, un prêtre qui refuse de vivre au presbytère et fait des sermons socialistes, vous serez le prochain.

— Ils mettront mon église à sac. Ils croiront que la planque est là.

Joseph enfonce la main dans sa poche pour vérifier que la lettre y est encore.

— Fuyez…

— Joseph, j'ai un service à te demander.

— Dites-moi.

— Il faut que tu ailles à la Dalbade et que tu récupères les hosties consacrées. C'est le corps du Christ. On ne peut pas le leur laisser.

Joseph se demande s'il aura le temps de lire la lettre en marchant vers la Dalbade – non, il le fera plus tard, il ne veut rien gâcher, d'autant que, s'il l'ouvre trop vite ou au mauvais moment, le contenu risque de changer du tout au tout. C'est sa vie dans cette enveloppe. Son dernier espoir d'être humain.

Le père André lui agrippe le bras et dit en plantant le miroir de ses yeux dans les siens :

— Merci, petit.

Sur son front, il fait un signe de croix.

— Maintenant, va !

Joseph remonte la rue du Pont-de-Tounis. Il a vingt-sept ans (vingt-sept ans, Seigneur !). On est en mai : pétillement de la glycine, vent d'ouest, jupons des étudiantes, pollen, urine des chiennes en chaleur, ombre dorée du Pont-Neuf sur les contreforts de l'Hôtel-Dieu. L'insoutenable légèreté de mai. Dans la poche droite de sa veste, Joseph a la lettre d'une femme dont il est amoureux depuis qu'il sait lire. Il voudrait la déplier – il ne veut rien d'autre –, mais pour l'instant il remonte la rue du Pont-de-Tounis, car les fascistes débarqueront d'une minute à l'autre pour saccager l'église de la Dalbade. Il doit y être avant eux s'il veut sauver le corps du Christ.

> *... Seigneur, Seigneur, je ne suis pas digne de te recevoir, mais dis seulement une parole, et je serai guéri.*

La rue du Pont-de-Tounis ne lui a jamais semblé aussi longue, ni sa pente aussi raide. Sans le clocher, l'île est une falaise. Le fer forgé des lampadaires, brossé par le soleil, produit une onde aurifère. La brique poreuse absorbe ses rayons pour les précipiter dans la pierre sale.

Ce filtrage a pour effet de mêler la lumière aux choses, de sorte que la lumière devient de plus en plus solide et les choses de moins en moins.

La lettre pèse dans la poche de Joseph. Cette lettre, c'est sa folie. Son bonheur sans cesse empêché. Il doit lutter contre cette enveloppe qui est lourde et brûlante comme s'il portait dans la poche un crucifix gigantesque chauffé à blanc. Les paumes de ses mains saignent, ainsi que ses plantes de pied (en réalité, elles ne saignent pas, mais c'est douloureux pareil). Son cœur a une barbe de plomb. Ses vaisseaux sanguins se mêlent aux terminaisons nerveuses. Il avance vers Notre-Dame de la Dalbade, Notre-Dame la Blanche, Notre-Dame de l'Enfance impossible. Notre-Dame des Bourgeois pourris.

La rue fourmille d'aérolithes. Le vernis du printemps jaillit des encoignures. Le ciment des cours d'immeuble, passé à la colophane et à l'acide caustique, répand une odeur de gomme, de neige fondue, de glycérine. Plus Joseph avance, plus il a l'impression d'avoir dans la bouche de la pâte de fluor. Le génie de ses entrailles frotte les mots au papier de verre.

Qu'a écrit Anima ? A-t-elle seulement écrit ? « Rejoins-moi. Je t'attends. » Joseph pousse, il lutte, il remonte la rue du Pont-de-Tounis, penché vers l'avant, presque à quatre pattes. Il se sent comme le chevalier à la rose à l'assaut d'une forêt de ronces. « Je t'aime. Je t'ai toujours aimée… »

Seigneur, je ne suis pas digne de te recevoir…

Enfin, le voilà devant la Dalbade, essoufflé. Ses yeux piquent. Son cœur bat à ses tempes. Affalé devant la porte de l'église, un clochard dort près d'une bouteille de vin à moitié pleine. Autour de lui, une collection de cailloux et de morceaux de bois d'essences différentes, ainsi que des fusains, des lambeaux de toile, de gros paquets de gouache, de l'acrylique, du dissolvant, des pinceaux cassés. Joseph croit se voir dans une autre vie. Le clochard a un œil au beurre noir. Il marmonne…

Les freins d'une automobile crissent au loin. Les miliciens espagnols seront là dans quelques secondes. Plus de temps à perdre.

Il entre dans l'église, sous le tympan multicolore figurant l'Étoile du Matin. Il ferme derrière lui à l'aide de deux tiges fixées de part et d'autre du portail. Il existe, sur le côté, un passage dérobé dont personne à part le père André et quelques servants d'autel ne connaît l'existence. C'est par là que Joseph sortira. Il entend des cris.

Dans l'église, le vernis des tableaux a été déposé. Les couleurs sont à vif. Les saints nus. Tout tremble dans la couleur. Tout se réveille sous les pierres. Le bois de l'orgue a retrouvé sa brutalité. L'huile de lin s'est évaporée. La résine revient à la surface, grasse, sucrée comme du miel. La lumière, après avoir traversé la rosace, irise l'alliage des patènes, révèle la feuille d'or et le manteau de la Vierge, indigo, les reliefs se trompent.

Joseph se souvient du discours prononcé par Pascal Denax à l'enterrement de l'épicier Gélizet, et il lui semble l'entendre au loin. Puis il pense à Michel Denax jouant au docteur comme il aimait faire, et à Anne sa mère, Anne la douceur, Anne et ses chocolatines blondes, Anne et ses pralines distribuées sous le manteau. Les Denax étaient les anges de l'île de Tounis. Ils la protégeaient. Mais ils sont morts aplatis dans les cendres. Joseph les voit sur les tableaux : Pascal en saint Étienne, lapidé, couvert d'hématomes sanglants. Michel en saint Christophe, transpercé de part en part. Et Anne, mâchouillant la palme des martyrs : sainte Marie Brûlée d'Amour. Et tout à coup une odeur de pain, de croûte chaude, de mie aérienne, surgit au milieu des gravats. Une pierre roule… Des nuées de froment envahissent le ciel. L'église est un four. La pâte lève. Le corps mystique chauffe et gonfle.

… mais dis seulement une parole…

Joseph franchit l'autel en sueur, émerveillé, transi. Il plonge ses mains dans le tabernacle. Il doit insister, tirer de toutes ses forces pour arracher les hosties. Une centaine, tièdes. Deux miliciens essayent d'enfoncer la porte. Joseph hésite. Puis il se fourre une première poignée d'hosties dans la bouche – une deuxième, trois. Pour la quatrième, il doit mâcher, avaler un peu. Sur sa langue, c'est une boule de farine. Quatrième, cinquième poignée… Il ne reste plus une hostie dans le calice : il vérifie au cas où certaines seraient tombées. L'excès de matière lui donne la nausée. Une odeur de lanoline lui monte à la cervelle. Il a des haut-le-cœur, sa mâchoire se crispe, il se retient pour ne pas vomir. Respirer devient difficile. Il pleure, il se noie dans le pain. La manne est lourde, de plus en plus dense. Enfin, dans un effort terrible, il avale, mais la pâte reste coincée dans sa gorge, et il est obligé de se frapper la pomme d'Adam à coups de poing. Il tousse, des filaments de morve s'échappent de son nez, ses yeux rougissent, et voilà qu'il n'a plus qu'une obsession : boire.

Il lui faut boire sur-le-champ ou bien il s'étouffera. Les miliciens le crucifieront.

Ils arrivent justement : les miliciens de Primo de Rivera… Dix, douze, quinze fascistes tambourinent sur la porte étroite. Joseph n'arrive toujours pas à avaler la bouillie dans sa bouche. Boire ! Il se précipite vers le passage dérobé et sort en veillant à ne pas être vu par les miliciens qui s'acharnent sur le portail. Ils entrent. Dans l'église, ils renversent des chaises. On entend le ramdam. Joseph pourrait s'enfuir, mais il reste près du portail. Il a si soif… Il s'approche. L'artiste-clochard a disparu. Ses affaires sont encore là : les fusains, les cailloux, les épluchures et… le vin ! Joseph ramasse la bouteille et la vide d'un trait. Un vin soufré, astringent, au goût de basse-cour, de chou-fleur, de souris. La misère du monde dans du vin. La boule passe ; Joseph la sent appuyer sur son pharynx, descendre vers l'œsophage, mais au moins elle descend. Elle se liquéfie. Il la digérera.

Enfin, il court chez lui. Les miliciens ne l'ont pas repéré. Dans sa poche : l'enveloppe. Il est temps de savoir…

… et je serai guéri.

Joseph se trouve au milieu du pont de Tounis. L'enveloppe résiste : fléchissement sur le tiers, manque de grammage au rabat…

Cette fois, ce n'est pas une carte postale. Ni une lettre, même si quelques mots ont été écrits au verso. C'est une photo. Une photo d'Anima. Ce sont ses yeux de croque-mitaine. Sa posture d'icône. Le cliché a été fixé dans une émulsion à la gélatine et au bromure d'argent. La lumière, après avoir rebondi sur les joues, les yeux, la bouche, les mains, les lèvres pincées, les pieds à peine inclinés l'un vers l'autre, et avoir détouré la silhouette, est venue percuter le nitrate de cellulose et graver ce qui, à cet instant, était déjà un souvenir. Un souvenir vieux de quelques milliardièmes de seconde. Le coton-poudre a été scarifié et l'on aperçoit une marbrure autour de la robe blanche.

Celle-ci est longue et floue. Saturée de falbalas et de dentelles. Anima sans doute se sentait ridicule, d'où le sourire pincé. Elle a toujours préféré les robes de flanelle discrètes, seulement cet après-midi-là il en fallait une blanche, une longue, à dentelles : un linceul ; car Anima n'est pas seule sur la photo, et c'est là toute l'intrigue. La tristesse que Joseph ressent depuis qu'elle est partie s'est incarnée à côté d'elle dans un visage d'homme poupon, souriant, ambrosien, aux dents coruscantes et au regard de juge. L'homme la tient par la taille. Joseph sait combien elle déteste ça. Qu'est-ce qu'elles ne disent pas, ces lèvres pincées ! L'homme qui la tenaille porte un uniforme de feutre granuleux, des bottes de cavalier et un képi ridicule sur lequel il a épinglé un aigle et une tête de mort.

Quel genre de démon épingle une tête de mort sur son képi le jour de son mariage ?

L'alliance a-t-elle été bénite ? L'or a-t-il été vérifié au feu ?

Anima est mariée. Elle a juré amour et fidélité. Elle n'aime pas cet homme, pourtant elle lui sera fidèle. Anima, la sirène. La pianiste ingrate. Anima, le cœur de Jésus ensanglanté…

Joseph ne l'a pas protégée.

Au dos de la photo : trois phrases et une adresse en Allemagne. Ce sont ses pleins tardifs, ses déliés nets, ses voyelles, sa colère, sa fausse confiance. Anima a été enlevée par un nazi, comme la princesse des contes : enfermée dans une tour en forme de « oui », derrière une forêt de ronces noires.

Lindenallee 34, 56077 Koblenz
Oublie-moi. Je suis mariée. Tu dois combattre Hitler.

La Cardinale est déposée rue du Japon, à sept heures du matin, le 23 mai 1937. Les lambrequins du ciel, ce jour-là, sont gris et bas. Quand l'homme ouvre la portière, elle sursaute. Il est assez petit, la moustache molle, de grands yeux féminins, un bras en écharpe. Il lui fait signe de descendre. Elle s'attendait qu'il tire de sa poche un couteau ; il l'aurait égorgée pour en finir, ou bien il aurait poinçonné ses poumons à dix reprises en quelques secondes, comme savent le faire les types dans son genre ; sinon il lui aurait tiré une balle dans le dos (mais les fascistes, les vrais, préfèrent les couteaux). Elle est descendue de la voiture. Quelque chose claque. La Cardinale s'effondre à genoux. Des billes de sang roulent entre ses cuisses. Des liquides se répandent. Des échanges contre nature ont lieu.

Heureusement, elle ne croise personne sur le chemin de la Chapelle. Aucune marque visible n'indique où elle a passé la nuit, et pourtant le moindre regard lui porterait un coup fatal. Si elle rencontrait quelqu'un à cet instant, celui-ci ne remarquerait sans doute rien, mais cela n'empêcherait pas la honte d'électrocuter la Cardinale.

Si elle avait su où se trouvait la planque des guérilleros espagnols, elle l'aurait dit – elle voulait tellement avouer… Avouer et mourir transpercée par une douleur définitive, liquidée enfin par une honte absolue, plutôt que de supporter cette douleur qui la laissait vivre et d'endurer une honte qui la laissait avoir honte – elle aurait avoué, et les fascistes l'auraient tuée plutôt que de la relâcher comme ils l'ont fait, gardant ainsi la possibilité de l'interroger de nouveau.

Sur le chemin de la Chapelle, elle tombe trois fois. Elle pense au Hollandais. Elle a pensé à lui toute la nuit. Jamais elle n'aurait cru être attachée à ce couillon qui sait à peine parler et qui a une bite impossible à manœuvrer. Les cent derniers mètres, elle avance pliée en deux, les mains vers l'avant. Dieu soit loué, les filles sont parties, et Thérèse pas encore arrivée. L'odeur de la nuit flotte : fleurs, cuir, tabac, sperme, savon, cendre, crotte, cyprine, bougie, sang.

Elle s'écroule dans l'entrée. Le Hollandais se précipite. « T'es là ! » En fait, elle pleure. Une flaque de sang s'est formée. Il la dépose sur un sofa.

— T'inquiète, mon grand, j'en ai vu d'autres.

Elle pleure encore. Le Hollandais s'empresse de téléphoner au docteur Mangin. Quand il raccroche, elle se redresse et dit avec gravité :

— Si j'avais parlé, il aurait fallu que tu me tues, tu entends ?

— Oui.

— Si je parle, tu devras me tuer.

— Repose-toi.

— Promets-moi.

Elle essaye de dire une phrase encore, mais elle s'évanouit. C'est presque comme si elle dormait. Le Hollandais lui caresse les cheveux.

Joseph traverse la ville. Des fumées montent au ciel. Il franchit le buisson de digitales et arrive au chalet abandonné. Les barricades ont été arrachées au pied-de-biche. À l'intérieur, rien, hormis le fumet de la viande, l'onde ferrée du sang. Les guérilleros ont emporté leurs armes. Ou bien les fascistes les ont délogés, même si l'hypothèse est moins probable. Avant de partir, ils ont égorgé Lamour, l'ont rôti sur une tringle à rideaux dans la cheminée de la bibliothèque et ont ripaillé à l'étage, sur le lit à baldaquin.

Joseph voit la scène comme si on la rejouait sous ses yeux : il devine où Lamour a été attrapé. La bête a résisté. Un communiste s'est pris les pieds dans le drap qui couvrait le guéridon. Il a fallu s'y mettre à plusieurs pour coincer l'animal. L'un d'eux tenait le couteau, un couteau militaire, fait pour tuer des hommes. Joseph sait quel genre de regard a eu Lamour à cet instant : dédaigneux, triste, un vrai regard de roi, de sorte que le détenteur de la lame a dû avoir un moment d'hésitation, le temps pour le cochon de lui mordre l'avant-bras jusqu'à la profondeur des maladies infectieuses. « Bien fait pour ta gueule, sale communiste de merde ! »

Joseph imagine ensuite le sang versé dans un seau à charbon, très rouge, et les yeux révulsés de la bête, son groin inondé de morve, ses membres inférieurs grelottant, les lignes sinistres sur ses flancs, et les derniers sursauts, les dernières prières bestiales – ce soupir que les cochons ont quand ils meurent, qui est presque un mot.

Joseph entend un bruit. Cela vient de la chambre. Il avance, prêt à frapper. Mais ce n'est pas un être humain. Dans l'obscurité, au milieu des trognons de salade, le barbet grignote la tête de Lamour à laquelle il manque le museau et les oreilles. Le chien ne se redresse même pas pour regarder Joseph. Il a été patient. Lucifer, son maître, l'a récompensé.

Joseph court tellement vite qu'il pulvérise le buisson de digitales. Les pétales mauves retombent en tourbillonnant dans le jardin des Mabillard. Il traverse la ville, cette fois dans le sens de la pente, il la traverse avec le vent, avec l'eau. Il tourne le dos au destin. Toulouse l'accompagne : bitume, lumignons, puis le canal, les volets de bois à portissol, les fumerolles de Terre-Cabade…

À la Chapelle, le Hollandais somnole sur le clavier de son piano, à moitié soûl comme d'habitude.

— La Cardinale, comment va-t-elle ?

— Elle est à l'hôpital. Elle sortira dans quinze jours.

— Ninon est-elle ici ?

— Là-haut, avec un client.

— Quelle chambre ?

— Mais Jo…

— Quelle chambre !

— Douze.

Joseph monte l'escalier quatre à quatre et ouvre la porte d'un coup sec. Ninon baisse les yeux. Elle est assise sur le lit, presque nue. Malgré la honte, elle ne resserre pas les jambes. Le client buvait une Suze pour se donner du courage.

— Qu'est-ce que ça veut dire ! s'écrie-t-il.

— Un gamin, murmure Ninon.

— Fous le camp, gamin, ou je te casse la gueule.

Joseph n'en attendait pas davantage. Il donne un double coup avec le plat des mains sur les oreilles. BOUM ! Ensuite, les côtes flottantes : les os claquent sur les poumons. Le bonhomme est sonné. Il manque de tomber, mais il a des réflexes, se reprend, et frappe Joseph à la poitrine, puis à gauche, deux fois. Seulement, ses coups ne sont pas armés, la faute à la Suze. Il remue dans la soupe. Joseph évite le troisième gauche et profite de l'élan manqué de son adversaire pour le déséquilibrer. Le gars chute. Il essaye de se débattre, mais Joseph lui donne deux paires de baffes qui résonnent.

— Maintenant, dégage !

Le client ramasse un mouchoir. Il sort de la chambre à quatre pattes.

Ninon n'a rien dit. Les coups, elle connaît. Les putains savent ça.

Joseph verrouille la porte. Il s'approche en respirant de plus en plus fort. Elle veut le rassurer, être à lui, autour, traversée. Ses seins sont ronds et blancs comme des balles. Ses seins d'écorce. Ses gourdes de lumière. Joseph avance. Elle le prend dans ses bras. « Oh, mon petit, mon pauvre petit garçon… » Il malaxe. C'est de la neige chaude. C'est de la mousse dure. Elle l'attire, le repousse. Elle le veut, mais le voudrait vraiment, sans ces tentures – elle le voudrait en vérité. En elle, la honte change de nature. Elle le regarde, elle l'invite. Il tire sur ses tétons, sur la peau élastique, parcourue de lasers roses, constellée de grains de beauté couleur bois, certains avec des poils, d'autres avec des anneaux moins sombres, rougissants. Elle sent comme l'eau des fleurs quand le bouquet a trempé des semaines. Il colle ses yeux à son front, sur ses cheveux, les grignote, la griffe. Elle veut encore. Elle soupire. Elle le serre contre son ventre. Il cherche des résistances. Un parfum l'envahit, de fruits jaunes compotés. Il met ses mains partout ; les enfonce dans les plis sous les fesses, dans le vagin, dans la bouche de Ninon, lui tient la langue, lui caresse les yeux, y appuie son pouce, retourne au cou, tire les cheveux, va sous les aisselles. Elle le guide. Elle veut qu'il l'ouvre. Elle le supplie. « Plus fort », exige-t-elle ; pourtant c'est comme si elle avait peur. Elle a un goût de noisette et d'argile. Il y met les doigts puis la langue, va profond, devine, souffle, aspire, enfonce son nez, y mettrait la tête, le corps s'il pouvait – et c'est ce qu'elle demande : qu'on la prenne ! Qu'on la retienne !

Elle se cambre. Joseph sent sous ses ongles le domino des vertèbres.

— Viens…

Des ouvertures se créent dans les organes. Une fleur gluante se déplie. Joseph veut la cueillir. Il veut l'anéantir. Il gratte avec ses dents. Il la couvre de bave. Elle le dévore. Il est en elle une racine. Au bout de son gland, des clairières s'ouvrent et se referment. Elle le supplie. Tout à coup, l'encens monte, il se débranche, et des bandeaux de nacre zèbrent le paquet de poils sombres.

Joseph se reboutonne. Ninon le regarde faire en grimaçant. Elle se force à ricaner. Elle l'aimait, c'est ça le pire, et elle l'aime encore peut-être, elle l'aime d'une autre façon, d'une façon qui n'exclut pas la haine – et ça, c'est pire que le pire.

— T'es comme les autres en fait.

Il ne dit rien. Il a pleuré. Elle l'a entendu : il a pleuré comme une merde.

Il avance vers la porte et dépose, dans la sébile de l'entrée, deux billets de vingt francs, puis sort sans refermer.

II

Chevaux de frise

« Dieu a pris les semences dans d'autres mondes, les a dispersées sur cette terre et a cultivé son jardin, et tout a levé de ce qui pouvait lever, mais ce qui a crû ne vit et n'est vivant que par le sentiment de son contact avec d'autres mondes mystérieux. »

Fiodor Dostoïevski, *Les Frères Karamazov*

— Ils arrivent, ça y est ! avertit Vadim.

Joseph a reconnu le bruit caractéristique de la fourgonnette qui chaque lundi apporte de nouveaux détenus à la prison militaire. Suspensions à quatre ressorts sur lames semi-elliptiques. Moteur trente chevaux. Transmission arrière. Quatre rapports durcis dans le feu liquide.

Aussitôt que le véhicule a franchi le portail, Vadim égrène les secondes.

— Trente-quatre, trente-cinq, trente-six…

La faim presse la chaude-pisse sur le bas de son ventre. Il serre les dents. Ça amplifie l'aspect cadavérique de son visage. Son corps, depuis quelques semaines, sécrète des écoulements blanchâtres qu'il essuie avec des graviers.

— Tu vas voir. Quarante et un… Tu vas voir, Jo. Quarante-trois… Regarde, regarde la fourgonnette. Quarante-six… Tu verras bientôt.

Le chauffeur gare son panier à salade à côté d'une flaque profonde. Les prisonniers descendent sur une portion de terrain sèche, mais voilà le chauffeur obligé d'enjamber le plan d'eau et, comme il n'a pas aperçu la demi-lune de pierre à ses pieds, il trébuche et s'aplatit, des banderilles de crotte plantées dans l'uniforme. À leurs fenêtres, les prisonniers se foutent de sa gueule.

Pour les nouveaux, le manège ne fait que commencer.

Vadim continue à compter. Joseph gratte la rouille des barreaux. Un duvet d'oxydoréduction couvre l'acier.

— Cent trente et un, cent trente-deux…

Les hommes font peine à voir. L'un d'eux a de l'eczéma infecté sur le front. Un autre, une balafre recousue à la ficelle de cuisine, barbouillée de pommade. Dans un français de fête foraine, le sergent Hirsch leur ordonne de se déshabiller. Ils se regardent en chiens de faïence et se demandent s'ils ont bien compris, quand un rouquin, genre normand, reçoit une dérouillée dans les tibias. Désormais, il est accroupi dans la boue, pantalon sur les chevilles, devant le sergent hilare. Ça arrive quasiment chaque fois.

— Cent soixante et un, cent soixante-deux…

Un autre prisonnier a du mal à défaire ses lacets, apparemment un double nœud ; l'Allemand qui conduisait la fourgonnette s'agenouille pour les lui couper au canif. Hirsch, moins empathique, menace du bout de sa baguette. Nus comme des vers, les autres halètent à cause du froid. Joseph a remarqué que le vent de novembre faisait réagir la rouille : la membrane devient dure et fissile, elle s'éclaircit, blanche par endroits, niellée, tandis que des crevasses se forment. Quand il pleut, l'atmosphère, près des barreaux, se charge de sucs salins, qui fondent sur le bout de la langue, comme si on y avait frotté une rondelle de pierre à fusil.

— Cent quatre-vingt-dix-neuf, deux cents… voilà, regarde ! regarde, c'est maintenant ! Qu'est-ce que je disais : deux cents tout rond !

Comme Vadim l'a annoncé, deux cents secondes après l'arrivée de la fourgonnette, les prisonniers sont conduits par Hirsch vers le hangar appelé « vestiaire », pendant que le chauffeur du panier à salade fume une cigarette quelques mètres devant son véhicule. Plus personne ne surveille le portail, grand ouvert.

— On se planquera dans la remise de l'atelier, et, dès qu'on entendra le moteur, il suffira de compter jusqu'à deux cents comme je viens de faire, puis, à deux cents tout rond, on se tire, pendant que le pilote avec son nez en forme de locomotive calcinera sans rien soupçonner. Affairés comme ils sont, les matons mettront une heure à s'en rendre compte. Nous serons déjà loin.

Joseph regarde la prairie de fougères et de chardons. Des soirs comme celui-là, dans les vallons du Maifeld, le vent excite les bestioles. Loin au nord-est, on aperçoit la bande d'encre du Westerwald : une forêt de sapins et d'herbe à lièvre.

— On sera à découvert longtemps, au moins trente minutes, dit-il à son voisin de cellule.

— C'est pour ça qu'il faudra s'enfuir pendant la nuit. Nous serons silencieux comme des hiboux.

— Les nouveaux arrivent en fin d'après-midi, jamais après dix-huit heures.

— Tu pinailles…

— Je réfléchis.

— Heureusement, j'ai pensé à tout ! s'exclame Vadim. Dans un mois, peut-être avant, ce sera l'hiver, je veux dire *vraiment*, et à dix-huit heures il fera nuit.

Nous filerons à Coblence. Là-bas, il faudra se planquer le temps que l'évasion soit oubliée et qu'on puisse rentrer au pays par les chemins de traverse. J'en ai marre de cette prison. Marre des Allemands. Marre, surtout, de leur bouffe. Elle pue autant que leur philosophie : sec, sombre, tout de suite rance, ça nourrit même pas, puis ça manque d'humour, c'est luthérien. Moi, je veux brûler dans les flammes de France, chez des catholiques fous d'amour.

— Il fera nuit, c'est vrai, mais il y aura de la neige. Ils suivront nos pas.

— D'où l'importance de faire vite et de se cacher à Coblence.

On entend les cris des détenus dans le vestiaire. Chaque fois, c'est pareil : le gardien Karl enroule autour de son poing un torchon humide pour leur fouetter les omoplates. Joseph espère qu'aucun d'entre eux ne regimbera lorsque le sergent Hirsch sera parti, parce que le sergent, contrairement à ce qu'on pense, joue les garde-fous : aussitôt qu'il a le dos tourné, Karl et Schëfer se croient tout permis. La dernière fois, le prisonnier Merlin a refusé de goûter à la soupe au sel dans laquelle le gros démoniaque Karl venait de cracher, et ils lui ont donné tour à tour deux coups de couteau chacun dans le gras des fesses. Le sang ruisselait, Merlin se tordait de douleur, ce qui amusait Karl. Puis ils lui ont fait boire sa soupe, fissa, et, s'ils avaient pissé dedans, ils la lui auraient fait boire itou.

Le ciel, au-dessus du camp, s'éparpille en miettes grises. L'horizon se couvre de faisceaux de clarté à cause des tirs de DCA. Les nouveaux détenus sortent du vestiaire, revêtus d'uniformes sales. Certains regardent autour d'eux à la recherche d'une solution. Joseph aussi y a pensé – il croyait que sa sensibilité le sortirait de là –, mais après deux tentatives et les punitions qui ont suivi (isolement, coups de bâton, cigarettes écrasées sur les hanches, mictions des gardiens sur son châlit), il a renoncé. Trop peur qu'une schlague ne lui brise les reins. Ou bien que Karl, équarisseur en Poméranie avant la guerre, ne lui arrache la matrice des ongles, comme il l'a fait à ce Lorrain qui avait chanté pour le faire chier : « Gardez votre or, je garde ma puissance / Soldats prussiens, passez votre chemin… »

Vadim est sûr de son plan, et, s'il veut convaincre son codétenu, c'est parce que Joseph connaît une fille à Coblence, et que celle-ci pourra les cacher et les nourrir le temps que les Allemands renoncent à les rattraper. « Une évasion est une affaire de patience, et la patience une affaire d'intendance. » Vadim a lu cette phrase dans un roman de cape et d'épée.

Il triture sa cigarette à la fumée opalescente. Chaque fin de journée, il ramasse des rognures de tabac tombées à l'endroit où se tenaient les gardiens dans le réfectoire, puis les roule dans une feuille de papier-toilette et fume ce qu'il appelle « son Cohiba céleste » accoudé à l'œil-de-bœuf de sa cellule. La fumée lui rappelle celle des cigarettes de stramoine qu'il chourait à son père et crapotait au fond du verger de son enfance, en observant les fourneaux de la minoterie familiale dont la silhouette évoquait celle d'un vieux crocodile.

— Jo, t'as vu comme ils se ressemblent, les nouveaux ? Regarde, ils ont les oreilles rougies, les cheveux empaquetés dans la sueur, les mêmes yeux d'iris fané, la petite bedaine honteuse, le menton… Rien, décidément, ne ressemble plus à un prisonnier qu'un autre prisonnier.

Joseph a remarqué, oui. Le coton dur des uniformes anéantit les différences entre les hommes, de sorte qu'après l'avoir revêtu ils ont l'air de frères jumeaux fatigués.

— Et de plus en plus jeunes…

Au centre d'appel de Besançon, Joseph et Vadim avaient des lits voisins. Le dortoir sentait l'étuve céréalière, l'œuf en gelée, la purée grumeleuse (en général de pois ou de topinambour, pas si mal en fin de compte), et les murs suintaient une espèce d'huile du fait des canalisations.

Quand on lui demandait de se présenter, Vadim Hache répondait : « Chevalier de l'an mil, troubadour, à la fois Don Quichotte et Sancho Pança. Alcoolique aussi. Lucide, boy-scout, bolcheviste… » En vrai, il s'en fout. Il est vivant. Fâché avec ses parents minotiers, monté à Paris en 1924, il a collectionné les petits boulots, puis s'est lié au poète Paul Éf à partir de 1927, son voisin sous les toits de la Grande Chaumière. Picasso les appelait « éfgéhache ». Vadim a réalisé trois films érotico-mystiques et publié une dizaine de recueils. En 1931, il s'est fiancé avec Dounia, une Algérienne qui posait aux Beaux-Arts. Elle prétendait que les mots étaient fascistes. « Derrière chaque phrase, disait-elle, subsiste l'hypothèse d'un massacre… » Du coup, elle écrivait des mots absents, sur des pages blanches. Finalement, elle lui a préféré Paul Éf, et elle est partie avec lui à New

York, où ils ont rejoint Max Ernst. Après six mois de chagrin et une tentative de suicide grotesque, Vadim a intégré un groupe d'anarchistes serbes, puis il a rencontré le sculpteur Vincent Maturin, célébré dans tout Paris depuis son chef-d'œuvre *Mère Panique*. Ce dernier lui a appris à sculpter. Vadim dormait à l'atelier. Il travaillait jour et nuit. Le dimanche, Marcel Duchamp, ami intime de Maturin, apportait du vin rosé et des brioches. Les parents de Vadim sont morts à quelques semaines d'intervalle, son père d'une crise cardiaque, sa mère d'ennui. Vadim a essayé de les pleurer, mais impossible. Le caveau familial était « *ready-made* ». Il a liquidé la minoterie et donné la totalité de son héritage à l'épouse du poète Rodolphe Astier, mort de phtisie l'année précédente ; après quoi il est tombé dans l'alcool. Il s'est fâché avec Vincent Maturin, qui lui reprochait son laisser-aller. Puis la guerre est arrivée, et pour Vadim ce fut une libération.

En rencontrant Joseph, il crut avoir affaire à un marin.

— T'es de la navale ou de la commerciale ? Je les reconnais, moi, les fils du sel.

Joseph haussa les épaules.

— T'as couché avec des sirènes !

Vadim avait un accent du Nord.

— Je n'ai vu la mer qu'une fois, dit Joseph, en vacances à Port-la-Nouvelle, et j'y ai à peine trempé les pieds.

— Putain, j'aurais juré que t'étais de la navale. Mais alors qu'est-ce que tu faisais, avant la guerre ?

— Je rangeais des livres dans une bibliothèque.

— D'autres tempêtes, marin quand même. Tu te battais contre Herman Melville.

— Et toi ?

— Rien. Je m'en fous de travailler. D'ailleurs, je m'en fous de tout. Je vais où c'est gratuit, sinon j'emprunte. Parfois je vais dans des bibliothèques comme la tienne, et les livres, je veux dire les bons livres, ceux d'André Suarès par exemple, je les vole.

— T'es un artiste ?

— Pire.

— Un poète ?

— Seulement s'il n'y a plus rien à boire, et ça m'arrive aussi de sculpter, mais je suis surtout un homme libre, et gênant, figure-toi, et dangereux, parce que je suis aimé par la Beauté.

Chacun, dans la prison, a sa recette pour pas maigrir. Joseph mange des larves qu'il trouve sous la remise du baraquement C : de grosses larves roses, entretenues par des scarabées qui ont toujours un peu de merde entre les antennes. Il plonge la main, ramasse ce qu'il peut. Vadim, quant à lui, préfère voler l'eau de cuisson des nouilles infâmes servies deux fois par semaine au réfectoire ; il prétend que c'est bourré de vitamines.

À l'heure de la promenade, les nouveaux, au milieu de la rosace de barbelés, sont rejoints par les soixante-dix détenus. Certains vont leur parler. Ils veulent des nouvelles des Anglais à Dunkerque. Avec la verve qui est la sienne, Vadim prétend que ce qui a lieu en Europe est « aussi important que le Déluge » et regrette de ne pas assister à « la ronde infernale des protestants dégénérés ». Joseph est moins intéressé. À quelques détails près, les nouvelles sont toujours les mêmes : remplacement des choses de Dieu par des choses impossibles à aimer, délire sanglant des artistes ratés.

Vadim entraîne Joseph au fond de la cour, près de l'atelier, et lui indique un passage derrière un mamelon de ciment.

— Nous n'aurons qu'à nous faufiler.

— La porte sera fermée.

— T'inquiète.

— Comment feras-tu ?

— Tu verras.

— Si on se fait prendre derrière les clôtures, ils nous exécuteront.

— Fais-moi confiance.

Vadim passe plusieurs heures par jour à l'atelier grâce à une permission spéciale accordée par le commandant Hammerstein. Ce dernier mis à part, personne n'a jamais vu la sculpture à laquelle le détenu travaille depuis maintenant trois mois, et qui sera, d'après lui, « un chef-d'œuvre contre-réformiste ».

Vadim et Joseph ont passé l'essentiel de la guerre en garnison. Trois semaines à Moissac. On hésitait à les envoyer en Afrique. Puis ils ont été rapatriés au nord, par le tortillard que les Catalans prennent depuis Cerbère pour vendre des canards, des piquillos et des peaux de bufflonne à Rungis ; ensuite Besançon, trois jours, le temps d'aller se laver à la source de la Loue après que le général Parmantin avait dit qu'ils puaient comme des boucs de 1915 (et c'est vrai qu'ils puaient ; en France, tout puait).

La patrie retenait son souffle ; quant à l'Allemagne, elle tergiversait. La guerre était moins dans les anabases que dans les administrations ; et tout à coup, c'était un défilé de voitures, un blessé entrait en scène, jeune homme en bandelettes qu'on eût dit échappé d'un tract du ministère, avec les mouches vrombissant autour des plaies ; puis plus rien durant des jours, à part quelques projectiles dans le firmament. Les bêtes rousses viraient paranoïaques. Personne ne savait, même les lieutenants. Il y avait des rumeurs, mais jamais une preuve ou une épreuve qui eût certifié le conflit, et la lassitude était pire encore que la peur, parce qu'elle transformait les hommes en veaux. Adieu la volonté. Bonjour l'ennui, la lenteur, les rires des soldats qui n'ont pas besoin de manger beaucoup pour s'empâter, et qui oublient d'envoyer une lettre à leur épouse le jour de son anniversaire – puis le double menton commence à poindre, les dents pourrissent, l'alcool enfonce les yeux. Pas un coup de feu. On leur filait à bouffer des radis noirs confits dans de la gelée de sel, des betteraves, du jus de viande, mais de viande jamais (c'était pour le front, on disait, et le front, personne ne savait où c'était).

Un matin, Joseph ramassa un martinet sur le sol. Il lui frotta la gorge pour l'aider à expectorer les gravillons que l'oiseau avait absorbés dans sa transe de mort, lui gratta les plumes, puis le lança devant lui, et le martinet décolla comme un ange – « comme une lettre d'amour », pensa Vadim, qui n'en revenait pas – vers ses congénères déjà en vacances en Afrique, occupés à picorer des étrons d'éléphant et des arêtes de poissons à barbe sous un soleil phénoménal.

Une nuit, pris par le vin, Joseph parla à Vadim de son extrême sensibilité.

— Tu me trouves ridicule ?

— Non.

— Moi, je me trouve ridicule.

— En fait, je suis jaloux.

— Jaloux !

— Cette affection dont tu parles, j'ai tout fait pour l'avoir. J'ai quitté mes parents, j'ai crevé de faim à Paris, j'ai écrit, j'ai sculpté… Pourtant les choses ne m'ont jamais parlé.

— Crois-moi, c'est mieux.

Joseph vide un verre de vin cul sec.

— C'est une maladie.
— Une maladie qui dit la vérité, j'appelle ça un don.
— Un don qui t'empêche de dormir, j'appelle ça une maladie.

Vadim organisa un trafic de cigarettes avec des artificiers algériens. Un soir, il manqua de se faire choper par l'adjudant Signol. Il planqua son fric à la lisière d'une forêt, mais le lendemain la garnison leva le camp dans la précipitation, à cinq heures, pour répondre à une supposée alerte sur la route des Flandres. Impossible d'emporter le butin, au total soixante mille francs. Vadim pestait sous son barda pendant que l'adjudant Signol pérorait à la revue des troupes, gants blancs, le vrai connard.

Quelques semaines plus tard, à Bailleul, Joseph prévint l'état-major :

— Les Allemands sont cachés derrière ces rochers.

Il avait remarqué dans les ornières des microsillons différents de ceux laissés par les blindés français, senti aussi le tabac des cigarettes allemandes qui ont des agents de texture plus goudronnés que les françaises, aperçu les entailles fraîches sur les arbres, signes de reconnaissance utilisés par les nazis pour les embuscades. Hélas, personne ne voulut l'écouter. Même Vadim n'y croyait pas. Quatre kilomètres plus loin, ils tombèrent sur le cadavre d'un soldat français de deuxième classe, des guêpes sur les yeux – autour, c'étaient des flaques d'essence brûlante, des arbres coupés, un sac de chaux éventré. Le lieutenant-colonel ordonna de procéder aux funérailles, ensuite de quoi il fallut déposer les armes. Cinq minutes plus tard, ils étaient cernés de dolmans noirs et de brandebourgs, hilares, armés jusqu'aux dents.

— Ne résistez pas, prévint un officier qui parlait français. Nous réquisitionnons le matériel. Vous serez conduits en Allemagne où vous travaillerez pour le Reich Führer, et si vous travaillez bien, si vous travaillez de tout votre cœur, *nous vous pardonnerons.*

Le lieutenant SS explosa de rire, ainsi que les autres soldats de sa troupe. Apparemment, la phrase « nous vous pardonnerons » constituait à leurs yeux une plaisanterie irrésistible.

Après la promenade de dix-neuf heures, les prisonniers sont raccompagnés au dortoir par une passerelle appelée « chemin extérieur ». Le temps pour le gardien Karl de verrouiller l'accès depuis la cour de la prison et d'ouvrir, à l'autre bout, la grille du dortoir, Joseph a trois minutes pour scruter les lumières de Coblence, au-dessus des lances des sapins. Anima est là, à une quinzaine de kilomètres, au-delà des miradors et des chevaux de frise, parmi les javelots lugubres et les puits de clarté. L'enfance, les mots de l'enfance, la voix du chevalier à la rose : « Je t'aime. Tu ne mourras pas. Je t'ai toujours aimée. Je te protégerai. » Joseph n'a jamais été si près d'Anima depuis douze ans. Sans doute aperçoit-elle les radiations nocturnes. Sans doute voit-elle cette forêt, ce ciel, et peut-être même qu'elle pense à lui, peut-être qu'elle joue Schumann, comme Joseph l'imagine, car chaque soir il l'entend, il a moins froid, moins faim, il est un peu moins prisonnier, c'est sûr – elle joue la *Fantaisie* – ; il l'écoute à travers les lattes du parquet interstellaire : Anima, l'inconsommée… C'est elle. La douceur insupportable de son baiser.

Ce soir, pourtant, c'est différent. Les phosphorescences se délient sur les dards résineux. Des nuages en ronde-bosse passent. Tout est pareil, mais rien exactement. La vibration cosmique est défaite. Le vent, qui d'habitude à cette heure charrie une vapeur miellée, est irritant.

Le gros démoniaque Karl siffle dans ses doigts – un sifflement d'une vulgarité exemplaire, dont seuls certains hommes, les plus spongieux, les plus hitlériens, sont capables ; il siffle pour exiger que Joseph franchisse à son tour la grille du dortoir ; sans quoi ce paquet de gélatine déguisé en bourreau lui donnera de la godasse cloutée.

— Que je te reprenne à rêvasser et ce sera dix jours de trou, c'est compris ?

Une heure plus tard, la cloche du couvre-feu retentit. Joseph s'approche de la natte de Vadim.

— Je m'évaderai avec toi.

— Qu'est-ce qui t'a fait changer d'avis ?

— La fille : je voudrais la revoir.

— Es-tu certain qu'elle habite encore là-bas ?

— Non, je n'en sais rien.

Les jours ont raccourci. La lumière s'est rétractée. La nuit plante ses pénates de plus en plus haut sur les calcédoines du ciel. Tout était ficelé… Mais voilà que Vadim et Joseph sont dans l'atelier, et que le chauffeur de la fourgonnette les tient en joue en attendant que le gros démoniaque Karl revienne avec les quatre autres gardiens.

— L'un de vous bouge une oreille et je lui fais exploser la tête, prévient le chauffeur à la main tremblante.

Quand Karl, Hirsch et les autres apprendront que Vadim et Joseph ont essayé de s'évader, ils les mettront au trou, c'est-à-dire dans un lieu où le temps est infiniment grand et l'espace infiniment petit. Des semaines, des mois, et Joseph ne rejoindra pas Anima.

Depuis qu'il a pris la décision de s'évader avec Vadim, il n'a cessé de penser au moment où il la retrouverait à Coblence. Il en oubliait la prison. Il imaginait les mailles de son pull, les plis sur la flanelle de sa robe noire, ses cheveux, ses grains de beauté de femme ; il se la représentait avec des lunettes en métal doré, puis sans lunettes, en escarpins de cuir, ou bien en chaussons plats, sur un tapis de velours, assise dans la porcelaine des Mabillard, au milieu des hortensias et des géraniums capitalistes ; elle voulait qu'on la sauve, qu'on la tire de là, qu'on la rende à ses hallucinations d'enfant ; elle s'empressait de lui servir un thé de Noël et des biscuits au beurre, en forme d'étoiles, et Joseph voyait dans la pâte sablée les grains de sel que la cuisson n'avait pas dissous. Dans ces évocations, il n'y avait ni mari nazi, ni enfant, ni Vadim. Il la retrouvait et le monde s'effaçait, tout rentrait dans l'ordre, la *Fantaisie* de Schumann les emportait vers le ciel. Dans les toilettes de la prison, Joseph se masturbait en se figurant ces hypothèses, ou simplement son visage, rien que ses doigts sur un piano. « Je t'aime. Je te protégerai… »

Il veut la retrouver. Rien d'autre. Revoir Anima. Sentir son parfum. Entendre sa voix. Il n'a jamais rien voulu d'autre. Les années ont passé comme des mouchoirs jetés au feu. Son amour est inexplicable, inexorable, incontrôlable, bête, bizarre… mais Joseph veut la voir. La retrouver et puis c'est tout. La sauver.

Au début, le plan s'est déroulé sans accrocs. Vadim et Joseph sont arrivés dans l'atelier comme prévu. Joseph a vu la sculpture sur laquelle Vadim travaillait depuis tout ce temps : une Vierge en bois, d'une cinquantaine de centimètres, les bras le long du corps, mains ouvertes, paumes vers l'avant, visage légèrement incliné. Vadim avait imprimé des marques sur le front pour esquisser des cheveux dépassant du voile. Les yeux n'avaient pas de pupilles. Le ventre était à peine gonflé. Les doigts étaient ceux d'une adolescente. On reconnaissait tout de suite la Vierge – celle qui, sans hésiter, a répondu : « Comment cela se fera-t-il ? » Vadim lui avait fait des chevilles fines. Le pied gauche avançait, ce qui créait une dissymétrie dans les plis du voile. La bouche s'entr-ouvrait.

— Pas mal, hein ? murmura Vadim.

La fourgonnette est arrivée. Hélas, ni Joseph ni Vadim ne pouvait prévoir que le chauffeur aurait froid et qu'il s'approcherait du bâtiment pour se mettre à l'abri ; c'est pourtant ce qu'il fit, et c'est ainsi qu'il aperçut des traces dans la neige, près des barbelés, derrière le mamelon de ciment.

Le chauffeur est là désormais, devant eux, il les menace. Il se tient à côté de la Vierge aux grands yeux d'amour, et répète en allemand :

— Si quelqu'un bouge, je lui fais exploser la tête.

Tout à coup, Joseph est pris d'une crise intérieure. Les images se brouillent : le soldat, le fusil, la Vierge, l'atelier, le cachot, la punition, Anima, la carte postale blanche, la photo de mariage, le clocher de la Dalbade, les hosties. Le fusil est braqué sur Vadim. Le soldat n'a pas le temps de réagir. Joseph lui a arraché l'arme des mains et donné trois coups de poing en plein visage. Il a senti les os du nez s'écraser sous ses phalanges, l'œil s'enfoncer, les dents se casser comme des croûtons de pain, les nerfs se rétracter, le sang affleurer. Le soldat essaye de se relever, mais Joseph lui attrape le cou et le serre contre le sol. Ses yeux gonflent, son visage bleuit. Un instant, il a un visage d'enfant qui appelle sa mère, il veut vivre, il supplie, l'air ne vient plus, la force le quitte. Joseph appuie, il veut voir Anima, la retrouver et puis c'est tout, la sauver, personne ne l'en empêchera, surtout pas cet homme dont les sphincters lâchent. Une odeur affreuse envahit l'atelier. Peut-être le soldat allemand fixe-t-il les yeux de la Vierge dans un dernier éclair de lucidité. Peut-être pense-t-il à cette phrase tant de fois répétée depuis l'enfance : « Priez pour nous maintenant et à l'heure de notre mort. » Il urine, il bégaye, il émet un râle. Son corps se tend une dernière fois : ses cuisses, sa ceinture abdominale, son sexe. Joseph a du mal à le tenir. Dans sa tête, il entend la voix du chevalier à la rose : « Je t'aime. Je te protégerai… » Sous la peau, des liquides se répandent. Abasourdi, Vadim se tient en retrait. L'atelier est plongé dans un silence contre nature. Joseph tremble.

— Nous serons recherchés pour meurtre, dit Vadim.

Il ramasse le fusil.

Joseph ne dit rien. Il regarde la Vierge, puis à travers la fenêtre : la neige, les arbres morts…

— S'ils nous prennent, nous serons exécutés.

Vadim et Joseph avancent dans la neige. Ils ont entendu au loin la sirène. « Morts ou vifs » : les Allemands tireront à vue. Faire vite. Rejoindre Coblence, se planquer, disparaître. La forêt est déserte. Les aulnes se balancent dans le vent avec, à leurs branches, comme des rivières de diamants.

Joseph tend l'oreille.

— Aïe…

Les Allemands ont des chiens. Ce n'est pas pour pister leur trace, qui est évidente, imprimée dans la neige, mais pour les dévorer – des chiens affamés, bourrés d'adrénaline nazie, bave aux lèvres, des fauves lancés à leurs trousses à travers une forêt d'arbres morts, dans la neige blanc et bleu. Coblence est à vingt kilomètres ; les chiens les auront rattrapés avant. Ils mordront d'abord les parties molles, comme font toujours les chiens, à la recherche de l'artère médullaire qu'ils extirperont comme les intestins d'un poisson, puis ils plongeront leur truffe dans le foie, creuseront avec leurs pattes.

Lever les genoux le plus haut possible. Sauter à chaque pas. Joseph sent le froid monter dans ses jambes. Il a peur, mais au moins il est libre. Il retrouvera Anima bientôt. Elle est juive. Elle a épousé un nazi. Joseph doit la protéger. « Je t'aime. Je t'ai toujours aimée... »

Vadim tombe une première, puis une seconde fois. Joseph le soutient dans la pente, entre des aulnes de plus en plus rapprochés, sur les plaques de gel, parmi les roselières et les houx. Les chiens aboient en bas de la colline. Les Allemands s'énervent de l'autre côté. Dans quelques secondes, tout sera fini.

Les chiens sont là : leurs yeux blancs, leurs silhouettes de requins. Joseph dépose Vadim dans le coton glacial. C'est l'hallali. Il descend. Les animaux ont arrêté leur course, oreilles couchées, ils grognent.

Vadim hurle :

— N'y va pas ! N'y va pas, ou ils te boufferont !

Mais Joseph avance droit vers les chiens et pousse un cri :

— File !

Il crie encore :

— File ! File !

Il lève le doigt au ciel. Les cris lui déchirent la gorge.

— File !

Il fonce vers les trois chiens affamés.

— File !

Quand il n'est plus qu'à deux ou trois mètres, les barbets se couchent dans la neige, puis ils rebroussent chemin. Vadim n'en revient pas. Joseph a fait fuir les chiens avec un seul mot. Le chauffeur étranglé, maintenant ça... Jamais il n'aurait cru son voisin de cellule capable d'éliminer quelqu'un puis d'effrayer des chiens tueurs d'homme.

Joseph le soutient. Ils trouvent un sentier de chasseur. Bientôt, ils n'entendent plus les soldats, qui ont probablement renoncé en voyant les chiens revenir, mais cela ne veut pas dire que les recherches ont cessé. Dès le lendemain, ils seront plus nombreux et mieux organisés. Si seulement Vadim et Joseph s'étaient enfuis sans blesser personne, on leur aurait lâché la grappe, mais les nazis n'accepteront pas de laisser rentrer impunément en France deux prisonniers ayant tué un des leurs.

De la neige monte vers les aulnes rouges et morts. Les fugitifs traversent des champs de poudreuse. Autant que possible, ils marchent près des bocages. Ils longent les clôtures écroulées sous des paquets de glace. Des branches craquent ; Joseph a parfois l'impression que ce sont des os humains. Ils enjambent des ruisseaux. Un chien aboie dans le dévers d'une colline. Ils évitent les granges qui, dans le point du jour, ressemblent à des animaux lourds et fumants. Ils franchissent une butte aux sourcils de foin. La ville cisaille l'horizon ; ce sont des arpents de feutrine, des ballottines de gouache, des inversions au pastel, au fusain, à la limaille. D'autres reliefs scandent l'horizon : dards, heaumes verts, piques brûlantes, crins, petits temples rocailleux, cabanes à la dérive. C'est Coblence et ses châteaux forts. Ce sont les Allemands. Les fugitifs se taisent. Joseph ne pense qu'à une chose : là-bas, Anima…

« Je t'aime. Je veillerai sur toi. »

Trois hommes apparaissent soudain à une centaine de mètres, accrochés à la lumière de la lune comme des insectes à une lanterne.

— Crois-tu qu'ils nous cherchent ? demande Vadim.

Ses dents claquent.

— Je ne sais pas.

Vadim et Joseph s'assoient dans la neige. Les trois hommes vont vers la ville au-dessus de laquelle se dénouent des rubans de buée. Ils portent des sacs, des chapeaux de pluie, des capes.

— Il nous faut des vêtements, chuchote Joseph en montrant du doigt un hameau à environ trois kilomètres à l'ouest.

Ils portent le gilet et le pantalon de grosse toile des prisonniers militaires. La croûte de leurs godillots laisse passer l'eau. Ils sont sales, frigorifiés, et ils puent. À Coblence, on saura tout de suite d'où ils viennent.

Vadim et Joseph s'approchent du hameau avec des précautions infinies. Là-bas, tout est calme, même si plusieurs chambres sont éclairées. Une croix gammée flotte dans sa parure rouge. Ils cherchent une maison inhabitée. L'une d'elles, près du temple, pourrait faire l'affaire : la peinture se détache des jambages, et les herses ont des chaînes. Vadim veut tenter d'ouvrir une fenêtre du rez-de-chaussée, mais, lorsqu'il s'apprête à poser la main sur le bois, Joseph le retient : il a senti dans l'air une odeur. Ici habite une personne âgée. Joseph a la gorge serrée en pensant au genre d'être humain capable de vivre derrière ces volets clos et ces chaînes énormes ; il imagine un corps décharné, tordu près d'un ancien feu, un être sans amour, femme ou homme, que personne n'a jamais protégé.

— Il n'y a personne, dit Vadim.

— Si.

— Non, regarde…

— Je te dis qu'il y a quelqu'un.

À cet instant, Joseph aperçoit dans l'encadrement d'une fenêtre deux lueurs jaunes.

— Tout est bizarre.

— Il faut partir.

Bientôt, le village s'éveillera. Les domestiques iront chercher le bois de chauffe gardé sous les tendelets des arrière-cours, les enfants piafferont dans la neige, puis il sera sept heures, et alors les femmes avec leurs robes de laine se presseront vers la halle, pendant que leurs hommes emmitouflés dans d'inusables houppelandes descendront les contreforts du massif de l'Eifel.

À l'écart du hameau, Joseph et Vadim découvrent une maison de briques purpurines, ardoises épaisses, mascarons gothiques. Ni chien ni cheval, la neige intacte.

— Celle-là.

Ils avancent jusqu'à une fenêtre. Joseph utilise une branche de coudrier pour écarter les volets, puis enroule sa main dans la manche de sa veste et brise la vitre.

— On dirait que tu as fait ça toute ta vie, murmure Vadim.

À l'intérieur, des tentures rouge et or couvrent les murs de la maison décorée dans un goût « officier allemand », avec lustres à pendeloques, chaînettes de bronze, verroteries, girandoles, lambris coloniaux, franges de satin, bibelots d'écume, atlas reliés, globes de verre et guéridons d'acajou. Goethe, les œuvres complètes. Au-dessus de la cheminée, entre deux trophées à douze cors, un tableau figure une femme à la sensualité madrée, peut-être une déesse, marchant dans une forêt d'épines.

Trente minutes après l'intrusion, Vadim et Joseph sont assis dans le salon, avec à leurs pieds des serviettes de bain spumescentes. Ils passeront la journée planqués ici et prendront la route à minuit, direction Coblence. Pour remplacer leurs hardes de prisonniers, ils ont déniché des vêtements au premier étage. Pour Joseph, des souliers ferrés de paysan, un pantalon cargo et un pull à mailles serrées. Pour Vadim, un gilet de campagne à boutons de bois, une chemise de lin à col cassé, une culotte de chasse et des bottes molles trop grandes, noires, à revers lie-de-vin. Il tenait à être aussi élégant que possible (« C'est pour finir de m'évader », a-t-il dit en nouant sa lavallière). Il a également mis la main sur un paquet de ces cigarettes à filtre blanc que fument les officiers de la Luftwaffe.

Hors de question de faire du feu : les villageois les repéreraient.

Joseph et Vadim mangent ce qu'ils ont pu trouver dans la dépense, au milieu des oignons germés et des pains de cire : corned-beef, miel, entame de jambon dure comme du bois, œufs de poisson séchés.

Vautré dans une ottomane, Vadim baratine à voix basse :

— Tu vois, Jo, le dandysme tient moins à l'élégance des vêtements qu'à une certaine manière de les porter dont les Allemands n'ont aucune idée, et ce même s'ils sont persuadés d'être « le ferment régénérateur de l'Europe » depuis que Fichte l'a décrété. Je suis sûr que notre hôte, lorsqu'il porte ce gilet et ces bottes qui me donnent à moi une allure baudelairienne, ressemble à un exécuteur testamentaire un jour de noces.

Joseph n'écoute que d'une oreille. Il s'enfonce dans le médaillon de son fauteuil et s'endort en se souvenant du visage incliné de la Vierge.

Vadim n'en déblatère pas moins :

— Le conflit qui oppose la France à l'Allemagne est une lutte de la légèreté contre la lourdeur. Un combat à mort opposant les cigales joyeuses aux fourmis facturières, la clarté de Pascal au jargon de Hegel, le doute cartésien à la suffisance de Haeckel, Versailles à Potsdam, le coq au dragon, Jeanne d'Arc à Brunehilde. L'Europe sera allemande ou française, elle sera protestante ou catholique, capitaliste ou dépensière, moralisatrice ou anarchiste, nihiliste ou mystique, Nietzsche ou Péguy, mais elle ne sera pas, elle ne sera jamais les deux à la fois.

Joseph s'est endormi. Dehors, de gros flocons cotonneux tombent sur le mikado de la forêt.

Il est deux heures du matin lorsque les fugitifs arrivent à Coblence. La ville est anormalement vivante pour cette heure. Joseph et Vadim peuvent marcher dans les rues sans éveiller les soupçons. Au seuil des immeubles, des bals ont été improvisés. La guerre semble n'y exister qu'en négatif ; tout est forcé, urgent. Les militaires sont débraillés tandis qu'à leurs bras des femmes trépignent à l'approche du comptoir. Des farandoles de jeunes gens, des rivières d'alcool et des torrents d'urine coulent vers la fontaine Schängelbrunnen.

Outre les relents de rhum frelaté et de bière tellement chaude que la mousse se détache du verre comme d'un gâteau de sucre, l'atmosphère, à l'approche du Rhin, se charge d'odeurs aigres-douces.

Des façades rose pompon, aux paupières de réglisse, s'agencent sur les quais.

Il y a tellement de châteaux à Coblence que c'est à se demander si toute la ville n'est pas une seule et même forteresse. Au confluent du Rhin et de la Moselle : le blanc Alte Burg et la dure Ehrenbreitstein, château des Princes-Électeurs. À celui du Rhin et de la Lahn : le Stolzenfels haut perché et, face à lui, le Burg Lahneck, trapu, crénelé.

Joseph délivrera la princesse de ces bastilles germaniques, fera craquer les coutures du Temps, vaincra les serpents de la Moselle, les dragons descendus du massif de l'Eifel et les ensorceleurs de la forêt du Westerwald ; il déchirera les ronces, fondra l'or du Rhin, même si ces soûlards et ces putains occupés à oublier la guerre devaient, pour l'en empêcher, se transformer en morts-vivants. « Je veillerai sur toi. Je te protégerai… »

Joseph et Vadim arrivent à l'adresse donnée par Anima : Lindenallee 34. Est-elle là ? Y a-t-elle jamais été ? Quatre tilleuls centenaires ponctuent la perspective. C'est une maison à rotondes, en linteaux grisonnants, chiens assis, encadrements tréflés et briquettes.

Ils se cachent derrière une haie couverte de neige, d'où ils peuvent voir sans être vus. Les premiers rayons de soleil caressent le givre qui, pendant la nuit, a recouvert la neige. Au loin, on entend un siffleur jeter des bouteilles sur les murs de cobalt.

— J'espère que ta copine sait faire du feu.

— Je ne sais même pas si elle habite ici.

Vadim choisit ce moment pour poser une question qui lui brûlait déjà les lèvres en prison :

— Cette fille, qui est-elle pour toi, Jo ? Une amie, une amante, ou bien une espèce de sœur jumelle ?

— Aucune des trois.

— Un acte manqué ?

Joseph enfonce sa main dans la neige brûlante.

— C'est ma peur.

Une lumière s'allume au premier étage de la maison. Mouvements indistincts… Joseph croit percevoir les oreillers qu'on frappe, les bols qu'on remplit de lait chaud, le pain déposé sur la table, et d'autres sons plus ténus : le froissement d'un peigne, des phrases à voix basse, des boucles de soulier, une brosse à dents…

Enfin, la porte s'ouvre. Deux enfants sortent : deux garçons cramponnés à leurs cartables. Derrière eux, un homme en uniforme, puis une femme, une femme qui les embrasse. D'abord, elle embrasse le plus jeune, puis le grand, et finalement l'officier sous son képi à tête de mort – elle l'embrasse vraiment. Dans cette ville peuplée de châteaux forts, d'ivrognes et de putains, au milieu de ce pays noir et vert de noir, elle enroule ses bras autour de lui, pose ses lèvres sur les siennes, passe sa langue, se détache, sourit.

— C'est elle ? demande Vadim.

Joseph parvient à peine à respirer. Ce sont ses mèches brunes, c'est sa peau de nard, ce sont ses oreilles trop grandes, ce sont ses doigts de plante et ses yeux scorpions. Elle porte une robe de flanelle aux manches claires.

L'homme et les enfants ont disparu dans la contre-allée d'un boulevard. Anima reste devant la porte où s'engouffre le blizzard du Westerwald. La neige fond à ses pieds. Elle se raidit dans son armure de flanelle. Il y a encore de la fierté dans son âme : des faisceaux de feu sous la cloche de cendre.

Que lui est-il arrivé ?

— Que fais-tu ! s'écrie Vadim en voyant Joseph s'élancer.

— J'y vais.

— Tu n'as pas vu ? Son mari est de la Schutzstaffel !

— Je sais.

— Tu savais ?

— Ce n'est pas son mari que nous sommes venus chercher.

— Elle nous dénoncera. Nous serons exécutés.

— Elle est juive, Vadim. Elle m'a écrit autrefois : « Tu dois combattre Hitler. »

— Jo, nous ne pouvons courir ce risque. Je veux boire de l'alcool. J'ai faim. Je veux être libre.

— Nous n'avons pas le choix.

Vadim n'a pas réussi à retenir Joseph. Anima le voit, plisse les yeux, elle a encore son sourire figé et les mains jointes sur sa robe de flanelle. Joseph sent, en lui, un poudroiement – comme si tout à coup il se noyait dans du sable.

Joseph s'approche et se met à pleurer comme un enfant. C'est elle : Anima, la petite sorcière du bout du couloir, le vent d'autan, Schumann…

Comme elles ont faim, ces larmes, Seigneur – comme elles sont affamées !

Il a envie de repartir à la prison en courant. Il bégaye. De son côté, Vadim essaye de comprendre ce qui se passe. Il est question de quelqu'un.

Quelqu'un qui est mort.

— Je n'ai pas réussi à le sauver, sanglote Joseph.

Vadim est étonné par ces hoquets. La femme se rétracte comme une adolescente mal dans sa peau ; à se demander s'il n'y a pas eu méprise. C'est donc ça, se dit-il, l'ange du soldat Portedor ? Cette mère de famille aux mollets pyrogravés par l'élastique des chaussettes ? Elle fronce les sourcils et fait deux pas en arrière dans la neige. Pas de pot, il y a une margelle, elle manque de trébucher, on entend le talon de la chaussure, elle pique du nez, Joseph se tord les pouces en se renfrognant. Ils se regardent l'un l'autre bêtement, peut-être qu'ils s'aiment, après tout, mais alors d'un amour de rentrée des classes, pense Vadim, une féerie à l'encre bleue, touche-pipi dans les bogues de marron et la poussière de craie.

La maison n'est pas si grande, vue de près. Elle est même assez petite, une maison commune aux volets écaillés et au crépi défait sur les parties basses. Le réseau d'évacuation des eaux a été bricolé n'importe comment. Vadim est fasciné. S'il avait une mine de plomb, il saisirait ces retrouvailles. Sur son croquis, il lui faudrait rendre compte de la force de Joseph, ainsi que de sa sensibilité extraordinaire, de même qu'il lui faudrait donner à la femme les traits d'une musicienne à la gloire passée, une pivoine au milieu de la compilation des châteaux forts.

Joseph se frotte au portail. Il patouille dans la neige. Il a oublié Vadim, l'évasion, la guerre… De toute façon, sa vie est là, devant lui, toute sa pauvre vie d'orphelin, dans cette silhouette gris et noir.

— Je n'ai rien pu faire, ils l'ont tué. Je n'ai rien pu faire…

Ça tremblote sur son menton. La femme ne répond pas et c'est ça le pire. Vadim a envie de les secouer l'un et l'autre. Il faut partir, ou bien un voisin alertera la police – puis la scène prend des accents burlesques.

— Ils l'ont mangé, dit Joseph.

Les larmes redoublent, le piétinement…

— Ils l'ont mangé et je n'ai rien pu faire ; il est mort, je n'ai pas pu le protéger.

Vadim n'en revient pas. C'est du Rabelais !

— C'est pas grave, bafouille Anima.

Enfin le bouquet final. Joseph prononce la phrase distinctement, de sorte que Vadim ne peut pas avoir mal entendu :

— J'ai retrouvé ses yeux, je les ai enterrés.

C'en est trop : le poète explose de rire. Tant pis s'il ameute les voisins. Tant pis si la police les prend. Le rire traverse Vadim, impossible de lutter, une salve, un cri d'enfant. Il s'étouffe !

— Mais putain, de quoi tu parles !

La femme s'est mise à rire elle aussi. Elle est moins laide. Moins grise tout à coup. Elle s'ouvre, et Joseph se met à rire à son tour. Il essuie ses larmes.

— Elle m'avait confié son cochon…

Vadim explose de plus belle, d'un rire irrépressible, un rire de guerre, un chant !

— … et des communistes l'ont bouffé.

Le ciel, tout à coup, est plus clair, plus haut, les châteaux sont moins forts, la neige plus douce, et ils rient, ils rient tous les trois devant cette maison qui n'est pas si mal, en fin de compte, avec ses volets grattés et ses volutes de fer.

Anima congédie deux domestiques affairés à l'étage et s'arrange pour qu'ils sortent par l'escalier de service sans croiser Vadim et Joseph. Elle sert des cafés bouillants, du pain, du beurre, de la chair à saucisse, des bananes confites dans du rhum, du rhum, des brioches, des cornichons au sucre et des zestes de citron passés au feu de bois. Elle parle. Elle manie le triple soufflet de cuivre au-dessus des braises (des braises de chêne, les meilleures, elle insiste là-dessus : le feu prend par l'intérieur). Plusieurs fois, elle se lève, replace un cadre, vide un cendrier en forme de bonnet phrygien, hésite, se rassoit, se relève, arrange son col, vérifie dans le miroir son reflet, son port de tête à la française, les miettes de brioche entre les dents, c'est bon, alors elle se rassoit, mais tout de suite elle recommence. Vadim voit son manège. Il voit bien aussi que Joseph s'est absenté en lui-même.

L'intérieur de la maison est typique : velours, rideaux à cordelettes, acajou, cartes en bois de fer, griffons sur les tapis, appliques de pâte à bonbon. À cela s'ajoutent les empreintes des enfants : ici et là petits galets, bouts de ficelle, esperluettes de compote, cheval de bois dans le couloir de la cuisine, et dans l'air un parfum d'eau de

Cologne passée deux fois par jour sur les billes infectées d'un *molluscum contagiosum*. Les roulettes d'une caisse à savon ont laissé sur les plinthes des trémas aléatoires. Deux des quatre chaises de la cuisine ont été munies de rehausseurs en plâtre. Le couvercle du pot de confiture est vissé de travers. Des cheveux blonds impriment leurs irrégulières hélices sur les coussins du sofa, et près de la porte d'entrée traînent des paires de bottines, des joujoux d'acier, des écharpes, des moufles, un cerceau, deux épées.

Vadim est encore attablé à dix heures. Il se régale de vin du pays de Bade, de bière au cumin, de miel de lavande, de sucre roux et de cidre de framboise. Il trempe sa brioche dans une crème à la pistache qui lui fait sur le palais des coups de pinceau. Il thésaurise la saccarine et la graisse. Le génie de ses entrailles, comme il dit, a des wagons à rattraper.

Pendant ce temps, Joseph va et vient dans la maison. Vadim s'amuse de voir la grande gueule désolée de son compagnon suivre du coin de l'œil cette mère de famille germanisée, terne, dont la fierté juive d'autrefois (laquelle, selon Vadim, n'était sans doute pas si extraordinaire que le pauvre Portedor transi d'amour le prétend) s'est transformée en résignation. Anima, de son côté, en attendant le moment des explications, fait semblant de s'occuper de la maison. Elle plonge ses mains dans des baquets. Elle frappe des draps. Elle récolte les poussières. Elle dispose l'argenterie. Elle aussi guette Joseph. Vadim a remarqué ses hésitations chaque fois que le buffle toulousain passe dans son champ de vision : il revient, elle monte, il piétine au premier étage, elle ouvre une armoire, il descend, elle redescend tout de suite, leurs mains se frôlent sur la rambarde de l'escalier.

Ce que Vadim ignore, c'est que Joseph cherche quelque chose. Il avance dans les couloirs comme à une chasse dite « devant soi ». Il va dans les rideaux, dans les coins sombres, dans le velours des chambres, dans les gréements des baldaquins, dans les placards, à la cave, au grenier. Partout, il cherche. « Impossible », se dit-il. Il presse ce qui a l'air d'un interrupteur. Il soulève les tapis. Il écoute, au cas où il y aurait, dans cette maison, quelque boudoir secret. Mais, finalement, il s'y résout. Hélas, c'est donc vrai… Ni queue, ni quart-de-queue, ni crapaud, ni droit…

Il n'y a pas de piano.

Un énorme couteau allemand fait, sur le radiateur de la cuisine, office d'avertissement, avec l'aigle, le manchon de cuir et la lame peinte dont les dents sont taillées pour déchirer la peau. Ce couteau obsède Vadim. Il est chez des nazis, des vrais, hitlériens convaincus, luthériens avilis. Cette femme est juive, elle n'a pas l'air méchante, seulement elle est mariée à un nazi, ses enfants sont nazis, elle est sans doute nazie elle-même, et il y a un schlass débiteur de juifs sur le radiateur de sa cuisine !

Le fou rire des retrouvailles a scellé entre les fugitifs et la maîtresse de maison un pacte fragile. Anima est sur ses gardes, dans son mystère. Vadim la surveille. Quant à Joseph, il ne tient pas en place ; dans son cœur, le chevalier à la rose fait les cent pas.

À midi, le téléphone hurle. Joseph reconnaît la sonnerie caractéristique des combinés en bakélite, sur colonne de laiton et socle de pitchpin : un téléphone tout ce qu'il y a de plus nazi. Anima se presse comme si un mourant l'avait réclamée. Elle reste près du grand escalier, dans le vestibule dont elle a verrouillé la porte.

— Nous devrions partir, dit Vadim. Elle est peut-être en train de prévenir son mari.

— Si nous partons, nous serons capturés.

— Je ne la sens pas, ta fiancée. Regarde autour de toi, Jo : tout est lourd, tout est sombre, tout est allemand. *Dein Ruf ist dein Beruf !*

— Pars si tu veux.

Joseph s'accroche à cette phrase : « Tu dois combattre Hitler », déniant qu'il y en avait deux autres : « Oublie-moi. Je suis mariée. » Il s'en persuade : elle ne le trahira pas ; de même qu'il se persuade qu'elle a besoin de lui. Il doit la protéger.

— Elle a épousé un SS. Elle a deux enfants. Elle ne t'aime pas.

— Tais-toi.

En sortant du vestibule, Anima demande à ses hôtes s'ils comptent rester déjeuner, puis ajoute que le temps est venu de lui donner des explications.

— Nous nous sommes évadés de la prison militaire de Coblence, répond Joseph. Nous avons besoin de ton aide pour passer la frontière.

— Mon mari vient de m'avertir qu'un aspirant a été tué. C'était le neveu d'un général.

— J'ignore de quoi vous parlez, dit Vadim.

— C'est moi, dit Joseph. Je l'ai tué.

Le regard d'Anima se voile. Elle retourne dans le vestibule et s'y enferme à double tour.

— Il faut partir, dit Vadim, elle va nous donner. Tu as remarqué la veine près de son cou, quand tu lui as dit que tu avais tué cet homme ? Elle nous trahira.

Joseph ne répond pas.

— Je déteste les protestants. Ils révèrent la mort. Ils veulent la mort mondiale. L'athéisme, le capitalisme, le communisme, maintenant le nazisme… Tout cela vient des protestants.

Anima revient.

— Nous sommes fichus, déclare Vadim.

— Je vous aiderai, dit-elle. Nous vous aiderons. Vous attendrez quelques jours, le temps que ça se calme, je congédierai les domestiques. Je trouverai un moyen de vous faire passer la frontière.

— Votre mari est un officier SS. Croyez-vous qu'il acceptera ?

— Je viens de lui parler au téléphone, il vous aidera.

— Vous nous avez trahis !

Vadim secoue la manche de Joseph.

— Il faut filer.

— J'ai dit à Hans que Joseph était mon frère Gabriel et qu'il avait dissimulé son nom, comme j'ai dû le faire moi-même.

— Vous avez changé de nom avec la complicité d'un SS ?

— Oui.

— Comment vous appelez-vous ?

— Clara Weiden.

— Et votre nom de jeune fille ?

Elle marque un temps.

— Clara Portedor, fille de Thérèse et Emmanuel Portedor, autrefois domiciliée en France, à Toulouse, 6, rue du Pont-de-Tounis.

Le mari arrive en trombe. Il a prétendu que sa femme avait fait un malaise pour quitter une réunion pleine de succubes aux oreilles pointues, c'est du moins ce que Vadim imagine. Joseph a reconnu l'homme de la photo. Derrière l'officier SS, il entrevoit le père de famille fou d'amour, amoureux d'une pianiste juive – juive ! –, obligé de la débaptiser et de faire disparaître son piano pour ne pas prendre le risque que soit reconnue l'ancienne virtuose youpine. Hans est-il tombé amoureux d'Anima en l'entendant jouer Schumann ? Trop grand dans son grand corps, trop blond dans sa blondeur, l'uniforme lui va mal, il a chaud, il s'inquiète pour Anima, pour les enfants.

Hans et Anima s'enferment dans la cuisine. Ils parlent allemand. Le ton de leur conversation monte et descend. Vadim pense avec horreur au couteau dentelé sur le radiateur, avec lequel le Teuton pourrait ressortir – alors gare à toi, ami de la liberté, gare à ton cœur de catholique, Lohengrin te saignera comme un coffre au trésor !

— Il essaye de la convaincre de nous livrer.

Joseph commence à penser que ce n'est pas impossible. Après tout, cette phrase : « Tu dois combattre Hitler », elle ne l'a peut-être écrite que pour la frime. Elle est mariée à un SS, qui veut la protéger – c'est ce que font les hommes qui aiment – et protéger leurs enfants, pourquoi les mettrait-il en danger pour deux fugitifs français, quand bien même l'un des deux serait son beau-frère ?

En sortant de la cuisine, Hans se tait, les épaules basses. Elle a gagné. Bientôt, les enfants arrivent. Anima les accueille et congédie Frau Eva, la domestique qui les accompagne. Elle lui demande de prévenir l'instituteur : elle se chargera elle-même de l'instruction de ses enfants pendant au moins deux semaines.

Eusébius a six ans, Florestan quatre.

— C'est qui les monsieurs qui sont dans le salon ? demande Florestan en français.

Ils parlent français !

— Mon chéri, c'est ton oncle Gabriel, et ce monsieur-là est son ami. Ils resteront quelques jours. Ce sera comme des vacances. Il ne faudra rien dire à personne.

— Pourquoi ?

— Parce qu'ils sont là pour aider votre père dans une mission secrète.

Hans enlève sa veste d'uniforme. Dans sa tête, c'est la démission. Il enfonce sa mâchoire carrée dans son col, et ses ongles dans le pli de son pantalon. Joseph a envie de lui dire qu'il le comprend, qu'il sait exactement ce qu'il ressent – de même qu'il a envie de lui piétiner la gueule. « Est-ce que tu l'aimes ? Est-ce que tu la protégeras ? »

— L'ordre a été donné directement par le Führer, ajoute Anima. Il a dit à votre père qu'il vous faisait confiance autant qu'à lui. Grâce à vous, nous gagnerons la guerre.

— Et nous pourrons aller en France ? s'écrie Florestan. Nous pourrons voir la tour Eiffel ?

Vadim fait un pas en avant.

— La tour Eiffel, prévient-il, n'existe pas, ou plutôt si, elle existe, mais ce n'est pas ce que tu crois, bonhomme. Ce n'est pas une montagne de fer. En fait, c'est une flamme. C'est un miracle. Ce devait être laid, lourd et dysfonctionnel, et pourtant c'est magnifique, un chef-d'œuvre d'équilibre. La tour Eiffel, c'est la France, vois-tu, et la France, c'est la Liberté.

— Pourrons-nous quand même y monter ? insiste Florestan.

— Pour ça, mon petit bonhomme, il faudrait être français.

Les jours suivants sont essentiellement consacrés à lutter contre les petites bêtes. Vadim et Joseph en ont rapporté des centaines. On leur a rasé le crâne et on a laissé leurs vêtements six heures dans la glace de rivière, six heures dans la fumée de bois de hêtre, puis deux jours dans le blanc de Meudon et les grains de lavande. Ils dorment sur des planches dans des chambres dont Anima a tiré les rideaux. Toujours, on retrouve des œufs et des insectes griffus. Les lentes sont sous la peau, dans des nids de pus ; des coccinelles noires et des sarcoptes leur ont pondu sous les paupières, sous les ongles, dans les narines et les gencives ; des mélophages leur ont gratté les viscères ; des grenadiers leur bouffent les couilles ; des vers ont colonisé leurs intestins ; et sous leurs aisselles des psoques ont creusé des galeries, ainsi que des totos immondes et des lécanies que, pour des raisons métaphoriques, Vadim préfère nommer en allemand : *Laüse ! Spinnen ! Chigger !*

Florestan aide sa mère dans la lutte. Il récupère les bêtes, il veut les élever, il monte un cirque de puces, il se roule par terre quand Anima brûle les essaims au fer à repasser, il les dessine, leur donne des noms, en fourre dans ses poches ; du coup, ses vêtements aussi, on les passe à la glace, à la fumée, aux grains de lavande et au blanc de Meudon. Eusébius écrase les poux avec une douceur mélancolique et éparpille les nids dans la neige, il compte les bêtes, il se promène près de la cheminée, dans les spirales de fumée, on dirait qu'il orchestre un jeu lugubre.

Hans n'adresse pas la parole à Vadim et Joseph ; il les regarde à peine et grimace en voyant les ailes de papillon disposées par Eusébius sur le bord des fenêtres. Tous les matins, avant de partir au quartier général, il tient à embrasser Anima. Joseph le voit enlever son képi comme un communiant. Anima se penche moins, mais se penche aussi. « Ils s'aiment. Ils veillent l'un sur l'autre… »

Eusébius est un garçon calme, qui déteste avoir la chemise en dehors du pantalon, et qui fait avec les stalactites de ses volets comme avec des cigarettes. Florestan, au contraire, est irascible, il écrase des noix à coups de poing, il sauce le fond de la bolognaise, il demande à Vadim de faire à dada, tire la langue, rouspète, grince, piétine. Il a le menton allongé, les avant-bras fibreux et le crâne rond, tandis qu'Eusébius semble avoir été taillé avec des aiguilles à tricoter dans un bloc de porcelaine. Joseph a beau les observer du matin au soir, il n'arrive pas à leur trouver de points communs, pas plus qu'il ne leur en trouve avec Anima.

Depuis la Grande Guerre, la crèche de Noël est une tradition plébiscitée par les ménagères allemandes, au point que Hans a demandé à Anima de ne jamais omettre d'en installer une sur le buffet à l'approche du 25 décembre, histoire de ne pas éveiller les soupçons des domestiques, très pieuses mais surtout très antisémites. Anima dispose donc la crèche chaque année, la peur au ventre, mais oublie de la débarrasser dans le courant du mois de janvier non pas, comme on pourrait le croire, parce qu'elle a la tête ailleurs, mais parce que l'idée que des rois-soleil puissent s'agenouiller sur le buffet à pattes de lion d'un officier nazi devant un bébé juif misérable lui semble subversive. Voilà pourquoi la crèche y était toujours lorsque Vadim et Joseph ont débarqué : une douzaine de bergers et d'anges caricaturaux, grimés à la peinture à doigt, un dromadaire gris, une ouvreuse d'huîtres, trois rois nègres et un montreur d'ours. Une semaine après l'arrivée « du frère de maman et de son ami », Eusébius remarque qu'il manque un santon et que, ce santon, évidemment, c'est Jésus. Il le cherche sous le buffet. Anima s'en mêle et finit par déclarer que ce n'est pas grave. Pâques approche : Jésus, de toute façon, sera crucifié.

D'autres disparitions surviennent. Ce ne sont plus des santons, mais des objets appartenant à Hans. Cela commence le jour où l'officier doit partir pour le quartier général sans sa veste qu'il était pourtant certain d'avoir suspendue au dossier d'une chaise près du lit. Le lendemain, son képi est introuvable, alors qu'il dépose toujours l'horrible coiffe sur la même console, entre deux walkyries en bronze. Le soir, en rentrant harassé, il découvre dans un tiroir, à la place de sa pipe en écume de mer, une partie de sa collection de monnaies à la croix, et hurle que quelqu'un lui a volé à la fois sa pipe et la moitié de la collection. Un matin sur deux, son journal disparaît de la table du petit déjeuner. Puis ce sont ses bottes. Puis sa veste autrichienne. Puis son rasoir et son blaireau. Puis un cendrier, une boucle de ceinturon « *GOTT MIT UNS* », des boutons de manchettes… Hans a pris l'habitude de vérifier des dizaines de fois qu'il a ses clefs et son porte-cigarette. Il annonce à haute voix où il pose sa veste, sa chemise, son faux col, son képi. Cela n'empêche pas des objets de disparaître, parfois en pleine nuit, mais souvent au milieu de la journée, en quelques secondes à peine. Un instant suffit. Pouf, la petite chose en argent s'est volatilisée ; aucun bruit, aucune trace d'effraction, comme si un lutin avait cherché à rendre fou l'officier. De fait, Hans est de plus en plus maniaque, il tourne la tête de tous côtés, en permanence il évalue, il installe une serrure sur chacun des onze tiroirs du bahut Michael-Thomet, accroche son portefeuille à sa chaîne de montre, puis sa chaîne au passant de son pantalon, noue un cordon à ses bottes, colle à la résine les portemanteaux, éclate une ampoule devant son porte-cravate, place des tapettes à souris près de ses caleçons de jour, répand de la sciure dans la sellerie, barbouille son secrétaire d'huile de cade, saupoudre du sucre glace et de la mort-aux-rats près des livres – mais, malgré cela, les disparitions continuent à un rythme journalier, et ce sont systématiquement ses affaires à lui qui se volatilisent.

On finit par remettre la main sur certains objets (c'est souvent Eusébius qui les trouve) : la pipe derrière les cartons à patates, les boutons de manchettes dans le soufflet de la cheminée, le journal sous la réserve de charbon de bois, et le blaireau à manche d'ivoire dans le coffre à jouets de Florestan, qui pleure en pensant qu'on l'accusera. D'autres ne réapparaissent pas.

Jésus demeure aux abonnés absents.

Les recherches menées par les Allemands sont plus intenses que ce que Vadim et Joseph redoutaient. Les SS font du porte-à-porte, fouillent les granges, les chambres, les garages, les sous-sols – partout sauf chez les officiers. Les véhicules sillonnent la campagne en braquant des projecteurs. Deux meutes de chiens ont été dépêchées de Stuttgart. On veut faire un exemple : prévenir la France, et surtout venger le neveu du général. La neige n'aide pas : elle lave le paysage, confit les herbes, les retourne, beurre la terre. C'est ce qu'elle fait aussi dans les cœurs de ces soldats pour qui la guerre n'était jusqu'ici qu'une vague idée de sang et de race. Désormais, ils ont un objectif clair : retrouver les fugitifs, leur briser les os, leur arracher les ongles, les écorcher, et leur enfiler leurs propres intestins autour du cou avant de les obliger à avancer vers le fleuve, parés de ce seul bijou rougeoyant.

Le général von Goetz connaissait mal son neveu. Il l'a à peine salué le jour de son arrivée à la caserne, où il l'avait affecté à la demande de sa sœur, et l'a aussitôt oublié, pour retourner à sa morose jalousie qui lui faisait voir la France, la Russie, la Grèce et, plus encore, l'Afrique, comme d'homériques contrées dont ses rivaux reviendraient couverts de sang et d'or. Von Goetz suppliait l'état-major nazi pour qu'on l'envoie en France ou sur la bride des Balkans, ou bien dans la nasse bouillante du Maghreb, mais rien, rien pour le vieux général, sinon ce château d'arrière-poste menacé seulement par la neige et les aulnes. La vie commençait à devenir insupportable, au point qu'il songeait à s'enrouler la langue autour d'une arme, quand survint ce drame auquel cinq ans plus tôt il n'eût pas concédé un haussement de sourcil. Une peine brûlante remplaça dans son âme la gangue d'ennui. Mourir à Coblence, étranglé par un fugitif, quelle déveine ! Ah, décidément, ce neveu, quel couillon ! Le général devint complètement fou. On se mit à raconter qu'il s'adonnait à certains rites auxquels il avait été initié par des Aryens de son rang. En passant près du château des Princes-Électeurs, plusieurs habitants de Coblence prétendaient l'avoir entendu supplier le Diable de faire souffrir ces hommes qui avaient osé emporter dans l'abîme l'unique héritier mâle du clan von Goetz.

Hans crie dans la maison : « Où est passée ma réglette de fer ! Qui a touché à mes mocassins ! Clara, je ne retrouve pas le coupe-papier ! Les enfants, avez-vous joué avec la clef du secrétaire ? Lequel d'entre vous a pris mon *Petit Catéchisme* ? »

Hans n'est pas au courant de ce que sa femme manigance quand il n'est pas là. La maison s'emplit de vibrations conspiratrices. Les gonds de certaines portes ont été doublés au feutre. Le passe-plat a un fond creux ; pour l'ouvrir, il faut plonger le bras sous une brique. La cabane, au fond du jardin, où Hans ne met jamais les pieds, abrite des réunions. Les gouttières et les soupentes sont truffées de mégots. La trousse de cuir dans la salle d'eau du premier étage disparaît parfois vers dix heures du matin, et réapparaît au même endroit alors qu'Anima n'a pas quitté la cuisine. Le facteur, souvent, insiste pour remettre le pli en mains propres ; parfois il revient et frappe au carreau de la fenêtre. Avant que son mari ne rentre, Anima ratisse les graviers.

Joseph voudrait qu'elle lui confie ses secrets ; ce serait une manière de partager avec lui ce qu'elle ne partage pas avec Hans. Mais elle se tait et, s'il l'interroge, elle soupire. A-t-elle oublié que, lorsqu'elle n'était qu'une jeune fille innocente, obsédée par son piano, il accueillait chez lui des ouvriers espagnols venus déposer au milieu de la nuit des fusils-mitrailleurs, des grenades et des bandelettes de cartouches dum-dum ? « Tu dois combattre

Hitler » : n'est-ce pas précisément ce qu'elle fait ? N'est-il pas temps de l'y associer ?

Une autre question empêche Joseph de dormir : Anima s'est-elle mariée avec Hans dans le seul dessein d'espionner les nazis ? Non, évidemment... Elle voue une vraie tendresse à son époux, Joseph l'a vu, il a vu son sourire près de la porte d'entrée, quand l'officier rentre du poste de commandement, et cette façon qu'elle a d'ajouter une pincée de sel sur son assiette à lui. Elle l'aime.

Un matin, elle vient trouver Joseph près du feu où il sirote sa cinquième tasse de café.

— Tout est arrangé. Dans trois jours, vous partirez. Un homme vous conduira dans un fourgon jusqu'à la frontière.

— Je ne partirai pas.

— Qu'est-ce que tu racontes ?...

— Je veux rester avec toi.

— Pourquoi ?

— Parce que tu es en danger.

Elle éclate d'un rire faux.

— Tu es juive, Anima. Qu'est-ce qu'ils font aux juifs, les nazis ?

— Je m'appelle Clara.

— Et tes parents, où sont-ils ?

— En sécurité, avec de faux papiers. Ils vont à la messe, figure-toi : eux aussi tripotent des chapelets. Ma pauvre mère, quand j'y pense, si elle savait que Gabriel est chez moi, elle retrouverait peut-être la parole. La dernière fois que je l'ai vue, c'était sur le quai d'une gare en Bavière, je l'ai mordue, elle pleurait mais n'a pas fait le moindre bruit, j'ai croqué dans la veine, jusqu'à la griffe du nerf, mais aucun son. C'est comme ça qu'elle m'a dit au revoir.

Joseph voit, derrière la femme, derrière la mère de famille, derrière l'épouse nazie, il voit la fille, la petite sorcière Anima, endolorie, déchirée, juive.

— Anima…

— Clara.

— Je ne veux pas partir.

— Gabriel, tu n'auras pas le choix.

« Où est le pèse-personne ? Florestan, où as-tu mis mon tournevis ! Eusébius, est-ce toi qui as dégrafé mon insigne ? qui a vidé mon tiroir à bretelles ! »

Anima entre dans la cuisine.

— D'où vient cette bonne odeur ?

Vadim porte un tablier de femme, et sur la tête une toque arrangée dans un tube de toile.

— Je cuisine.

— Vous cuisinez !

— J'envahis l'Allemagne.

Des carottes ont été revenues dans du beurre noisette, avec les fanes, puis ajoutées dans une cocotte à des rattes coupées en deux et aux croissants d'un oignon rouge. Le vin, lancé froid, s'est transformé en de longues bulles topaze. La chaleur a pénétré la viande au cœur. Vadim soulève le couvercle de fonte. En respirant les volutes de vapeur, Anima se souvient de la rue des Polinaires à Toulouse, où un restaurant exhalait le même parfum. Elle se rappelle le visage joufflu du rôtisseur, son accent, la devanture de bois, les bouteilles de blanc, les pains énormes. C'était la France, sa jeunesse… En ce temps-là, elle jouait Schumann du matin au soir.

— Ça vous plaît ?

Elle rougit.

— Ça sent bon.

— C'est français.

— Vous croyez peut-être que les Allemands ne savent pas cuisiner ?

— Ils ne sont ni légers ni joyeux.

Elle fait un pas en arrière.

— Il n'y a donc que ça qui est important pour vous, n'est-ce pas ? Vous voudriez que tout soit drôle.

— Drôle, non. Les Allemands sont assez drôles, du reste. Seulement, on ne cuisine pas en rigolant.

Vadim lui tend une cuiller en dessous de laquelle il a placé la main, au cas où une goutte tomberait.

Elle se penche.

— C'est délicieux.

— Assez pour gagner la guerre ?

De nouveau, elle sourit… Vadim a remarqué qu'elle était toujours comme ça : clef de *fa*, clef de *sol*, elle reprend ce qu'elle donne, s'efface aussitôt qu'elle a haussé la voix, s'échappe, puis revient, s'envole.

— Assez pour la faire oublier.

Elle coupe le pain. Les enfants jouent à chat, ils passent en trombe dans la cuisine.

— Qu'est-ce que ça sent ? demande Florestan.

— La tour Eiffel, répond Vadim.

Joseph est à l'étage, enfermé dans une chambre. Il dormait mieux dans sa piaule de prisonnier. Anima est là. Elle est juste là, mais elle lui échappe. Il voudrait l'enlever. Il voudrait détruire ce décor. Faire tomber les masques. « Hans est un nazi, les nazis haïssent les juifs, viens avec moi, prends tes enfants si tu veux, mais viens, nous serons heureux, promis, je t'aimerai assez pour deux. »

Florestan a disparu. On entend ses pas pressés dans l'escalier. Anima dit à Vadim :

— Savez-vous que j'ai sincèrement cru qu'en jouant Schumann je pourrais convaincre les Allemands de ne plus écouter Wagner ? Je voulais sauver l'Europe…

— Vous l'avez peut-être sauvée.

— Schumann et Wagner avaient le même âge, à trois ans près, pourtant tout les oppose. Schumann, c'est la force fragile, celle de l'eau ; Wagner, c'est la force féroce, celle du feu. L'Allemagne devait choisir.

— Quand je lis un livre allemand, ou quand je regarde un de leurs tableaux, c'est toujours la même image qui me vient : de grandes plaques de fer posées sur des colonnes de marbre.

— Certes, mais il y a la musique. Ce que vous dites est vrai pour l'art, pour la philosophie, pour la politique, mais vous devez reconnaître que la musique fait exception. Bach, Mozart et Beethoven : le père, le fils et le saint-esprit. Hélas, il a fallu qu'il y ait Wagner. Wagner a tout salopé. Il a transformé la musique allemande en pensée allemande.

Vadim a beau chercher le regard d'Anima, elle garde les yeux baissés vers la table et les assiettes.

— Pourquoi avez-vous épousé un des leurs ? Je ne comprends pas.

— Hans n'est pas comme les autres.

Elle se détourne.

— Mais…

— Et puis cela ne vous regarde pas.

Sa voix a tremblé.

— Et Joseph ?

Elle revient.

— Il est là-haut. Il rêve…
— Il croit que vous êtes en danger.
— Vous partirez demain.
— Il vous aime, vous le savez.
Cette fois, elle lève les yeux vers Vadim. Elle lui saisit les mains et les ramène vers sa poitrine. Eusébius, à cet instant, se tient dans l'embrasure de la porte. Anima et Vadim ne l'ont pas vu.
— Ne dites pas ces choses.
— Il vous aime.
Elle renifle. Depuis sa planque, Eusébius aperçoit, dans les yeux de sa mère, deux flocons gris. Il s'en souviendra toute sa vie.
— Ne dites pas ces choses, je vous en supplie…
— Il vous aime et vous l'aimez aussi.
Vadim la prend dans ses bras. Eusébius voudrait lui casser la gueule. D'épaisses larmes ont envahi le visage de sa mère.
— Maintenant à table, ou bien ils prendront ça aussi.

Le lendemain matin, à cinq heures, Anima entre dans la chambre de Vadim et Joseph.

— Il faut partir, vite... Si Hans se réveille, tout sera foutu.

Eusébius les a entendus. Il est assis sur son lit. Florestan dort.

— Vite, répète Anima.

Vadim fourre ses affaires dans son sac. Joseph bouge à peine.

— Viens avec moi, dit-il à Anima.

— Tu dois partir maintenant.

— Viens.

Joseph devine, sous l'écrin de la chemise de nuit, la peau des seins, et sous les seins le cœur. Anima, l'onde...

— Reste et meurs, ou bien enfuis-toi, vis.

— Anima...

— Tu dois partir, Joseph.

— Allons-y, chuchote Vadim en déposant deux objets dans les mains d'Anima.

Deux statuettes taillées dans une bûche de sureau.

— Pour Florestan le lion, pour Eusébius le hibou.

Anima prend les statuettes, embrasse Vadim sur le front, puis celui-ci s'écarte pour laisser Joseph seul avec elle. Dans son lit, Eusébius tend l'oreille. Sans doute sa mère prend-elle le Français dans ses bras. Elle murmure quelque chose, plusieurs fois la même phrase, et réussit à le convaincre de partir, car maintenant voilà Joseph qui suit Vadim à pas de loup dans l'escalier.

Eusébius réveille Florestan.

— Ils sont partis.

Les enfants entendent un claquement de portière. Anima remonte l'escalier sur la pointe des pieds. Elle pleure. Hans dort.

— Qu'est-ce que tu racontes ?

— Le frère de maman s'est enfui.

Eusébius en veut à Vadim, à Joseph, et plus encore à sa mère. Il voudrait la battre. Lui tirer les cheveux. Il sent qu'elle s'éloigne. En fait, il ne la connaît pas. Que lui a-t-elle dit ? Pourquoi n'est-elle pas aryenne ? Pourquoi lui-même est-il brun et pâle, alors que Florestan est blond aux yeux bleus ? Il serre les poings. Sa mère a aidé deux Français à s'échapper. Il ne lui fera plus jamais confiance. Qui est-elle ? Elle est sa mère, le point fixe des choses, il l'aime, il ne veut pas qu'elle meure – et pourtant elle ne lui appartient pas.

Vadim et Joseph ont à peine vu le chauffeur de la camionnette dans le coffre de laquelle ils ont sauté. Le gars leur a claqué la porte dessus sans rien dire. Puis le moteur a démarré : quatre temps, injection à compresseurs. Les voilà trimballés dans l'obscurité, cahin-caha, Dieu sait depuis combien de temps, ah et cette odeur, cette odeur…

— Tu sens ? demande Vadim. Tu sens cette odeur divine, qui sent d'autant meilleur qu'elle sent vraiment mauvais ?

Bien sûr que Joseph a senti : l'ammoniac, les caves de pierres blanches couvertes d'algues, les grains aigres, la croûte lavée, le lait, le pain de seigle. Ils sont dans la camionnette d'un livreur de fromages – sans doute un de leurs derniers compatriotes autorisés à aller et venir à travers le Reich.

— C'est comme une bulle de France au milieu d'un océan d'Allemagne, dit Vadim émerveillé.

Joseph, pour tuer son ennui et peut-être aussi pour ne pas trop penser à Anima, essaye de nommer les fromages auprès desquels on les convoie. En pensée, il détache les senteurs les unes des autres, puis ordonne : chèvre, vache, brebis. Il les étiquette en puisant parmi ses souvenirs du marché des Carmes. Il reconnaît le parfum de noisette du bouquetou du Vernet, les paillettes de charbon du morbier, le pardou du Béarn vieilli dans le tunnel ferroviaire des Eaux-Bonnes, les notes de porto et de fruits jaunes du pigeon-blanc, les effluves de sous-bois de la tomme de Haute-Savoie et celui, plus chaumé, de cette tomme que les Basques moulent dans un *kaïkou* de bouleau ; il distingue aussi la finale du camembert de bufflonne, le maroilles qui sent la pomme golden, l'arôme de gâteau au yaourt de certains comtés, le moulis affiné sur des planches de sapin, les angelons de Pont-l'Évêque salés à la saumure, dont le parfum sombre est le même que certains endroits du corps, l'ail noir du roquefort, les cendres de hêtre dont on saupoudre les anneaux du vic-bilh, un fromage pressuré à la caillette de veau, sans doute du beaufort, qui est d'abord dans les épices, mais qui au second nez devient mat, des fusettes blanches, des emmentals, des boutons de culotte du Mâconnais. Dans son cerveau, les noms se mêlent aux odeurs, et c'est comme s'ils tiraient de l'obscurité les fromages, au point que, n'en ayant pourtant ni vu ni touché un seul, Joseph jurerait les avoir tous goûtés.

La fourgonnette avance dans la forêt de Kaiserslautern. Des pins sylvestres se dressent partout autour d'eux. Joseph entend parfois d'autres véhicules.

Le chauffeur s'arrête pour pisser. Il sifflote *Tannhäuser*, ce con, et reprend le volant sans avoir rien dit. C'est à se demander s'il n'a pas oublié qu'il trimballait des fugitifs. La lumière du matin finit par pénétrer dans la camionnette par des interstices insoupçonnables ; maintenant qu'il y voit clair, Joseph a l'impression que les fromages sont moins nombreux et moins miraculeux que tout à l'heure. Vadim ne dort pas. Il regarde, effaré, une tomme des Allobroges, puis pose à Joseph une étrange question (étrange parce qu'il y pensait depuis des semaines, mais qu'il a choisi cet instant-là pour la poser).

— Qu'est-ce que tu as ressenti lorsque tu as tué cet homme ?

Joseph ne répond pas tout de suite. Ses doigts sont plombés par un surplus de lymphe et un retrait d'hémoglobine, cela lui arrive de plus en plus souvent depuis le début de la guerre ; il les remue, l'oxygène revient, avec la sensation du toucher. Sur le plateau de la camionnette, une épaisse feuille de carton imbibée d'essence et de sueur de fromage fait un tapis de mousse. Les souvenirs reviennent : les yeux du soldat gonflés, la peau de son cou, sa langue qui bleuissait, ses dents, en particulier cette incisive qui avait pris du terrain sur la gencive, ses ongles, son menton gratté par un rasoir de mauvaise facture, son parfum de garçon puis ces flatuosités qui signifient que le corps tourne le dos à l'âme.

— Quelque chose s'est cassé, une espèce d'os à l'intérieur du cou, à un endroit où il n'est pas censé y en avoir.

— Es-tu sûr qu'il y en avait un ?

— Quelque chose, en tout cas, s'est cassé.

— Quoi ?

— C'était comme une ampoule.

— Et qu'est-ce que tu as ressenti ?

— J'ai tout de suite compris que c'était irréparable, et j'ai regardé mes doigts pour vérifier que je n'en avais pas perdu un.

Joseph marque un temps.

— J'étais terrifié à l'idée que cette chose cassée puisse être à moi.

Ils roulent depuis maintenant dix heures. La France approche. Dans le fond de l'air, ce sont des notes de poudre, de bête morte, de marécage, d'incendie. Les Ardennes.

Le chauffeur s'arrête, sa portière claque. Puis long silence…

Il fume.

Une délicieuse odeur de cigarette se mêle au potentiel hydrogène des fromages.

— Si ça se trouve, il va nous livrer, murmure Vadim.

Joseph ne dit rien. Le chauffeur en est à sa troisième cigarette, quand finalement il ouvre. Une lumière bleue, intense, éblouit les fugitifs.

— Vous pouvez sortir.

C'est la première fois qu'ils entendent sa voix : la voix d'un homme honnête, du genre à transporter des fromages et aussi parfois à faire sauter un pont. Ses joues couperosées grelottent autour de sa moustache. Il a un mufle herculéen, rouge d'alcool, entouré d'une nuée de comédons, et il porte le bleu de travail réglementaire, un bonnet de laine et des gants. Joseph devine que sa claudication est due à la présence sur son fémur d'une broche à trois rivets posée au Chemin des Dames.

— Sommes-nous en France ?

— Pas loin. Vous devrez finir à pied.

Il a des ongles propres, ce qui trahit un côté maniaque confirmé par les souliers trop parfaitement cirés. Joseph devine que ce fromager, qui continue de livrer en Allemagne, met son point d'honneur à se tirer à quatre épingles.

— Pourquoi s'arrêter avant la frontière ? Pensez-vous qu'ils risquent de fouiller la camionnette ?

— Je ne sais qu'une chose : à vingt-cinq kilomètres d'ici, nous sommes passés à côté d'un village, et dans ce village quelqu'un avait mis un linge rouge à sa fenêtre. Cela veut dire que vous avez été balancés. Le linge aurait été blanc, on y serait allés, mais le message est clair. C'est trop risqué, surtout qu'ils ne vont pas comprendre pourquoi je transporte des fromages dans ce sens. Ils se douteront que c'est pour tromper les chiens. Si vous passez par ce chemin, vous serez en France ce soir. Normalement, il y aura quelqu'un pour vous récupérer, dans une cabane, au pied de la colline chauve. On dirait un volcan, vous pouvez pas la manquer.

— Êtes-vous sûr que nous avons été balancés ?

— Je sais ce que je sais : linge blanc, la voie est libre ; linge rouge, elle est minée.

Joseph est inquiet pour Anima. Il aurait dû rester là-bas.

— C'est le SS, dit Vadim, ce lâche attendait qu'on se tire de chez lui pour lancer ses chiens à nos trousses.

— Ou bien ils ont décidé d'intensifier les contrôles, dit le chauffeur. Avec les nazis, on peut jamais savoir, c'est la guerre. Et même quand c'est pas la guerre, de toute façon, dans la vie, on peut jamais savoir.

Sagesse insigne des fromagers.

— Merci de tout.

— C'était un honneur, les gars. J'aurais fait davantage si j'avais pu, je vous y aurais conduits, en Moselle, mais chiffon rouge, c'est chiffon rouge.

— Vous avez fait beaucoup.

Autour de Vadim et Joseph, ce sont des ornières gavées de silice et d'oxydes. Ils doivent avancer dans une forêt dont le sous-bois est assez clairsemé pour ne pas entraver leur marche mais suffisamment dense pour les cacher. Des fougères bruissent.

Ils progressent rapidement. Il leur faudra passer la frontière avant la nuit. Leurs vêtements puent le fromage. Une odeur qui, privée de sa source, devient difficile à supporter, et leur donne envie de vomir des aliments auxquels ils n'ont pourtant pas goûté. Ils traversent des champs de tourbe. La neige fond ; c'est de la boue froide, ce sont des boucles de glace. Vadim respire fort. Le manque d'élastine a creusé sous ses yeux des cernes brunâtres. Au fond d'une clairière, ils découvrent quatre marcassins déchiquetés par un chat. Le spectacle est affreux. Des vautours ont fini le travail. Les petits crânes décharnés s'ouvrent par le dessus.

Ils marchent vers la France. Ils ne disent rien, sauf une fois, quand un hêtre mort, immense, les oblige à faire un détour et à ramper dans une maremme garnie d'orties et de larves blanches : « C'est un peu comme si les symboles étaient livrés à eux-mêmes », marmonne Vadim.

La frontière ne doit plus être loin. Peut-être l'ont-ils déjà franchie, impossible de savoir. Le fromager les a prévenus que rien ne la matérialiserait : ni guérite, ni palissade, ni rideau de barbelés ; c'est même absurde d'imaginer qu'il puisse y avoir une frontière dans cette forêt dont les branches s'entrelacent. Qui dirait : « ici l'Allemagne, ici la France », alors que tout est fondu dans la neige, ligaturé sous terre, baptisé dans la même nappe souterraine d'eau pure ?

Enfin, ils aperçoivent la colline chauve, puis la cabane dont le fromager a parlé : une chaumine de chasse en bois brun, avec une seule fenêtre aux carreaux graisseux. L'endroit semble désert, même si des fumerolles s'échappent de la cheminée ; à croire que leur comité d'accueil, voyant la nuit approcher et avec elle l'hypothèse des loups, a vidé les lieux sans attendre. Tout à coup, ils entendent un homme charger un fusil.

— Plus un geste.

Trois armes se braquent. Joseph reconnaît le cliquetis du lebel : huit cartouches dans un fût situé sous le canon, une dans l'auget, une dans la chambre.

Trois gars apparaissent, qui ressemblent à des personnages de bande dessinée ; l'un court sur pattes, dont les yeux sont tellement clairs qu'on pourrait croire qu'il est aveugle ; un autre très beau, la mâchoire enserrée dans un portrait d'archange ; un dernier long et hâve, aux clavicules près des oreilles.

Le trapu se met à parler.

— D'où venez-vous ? Comment êtes-vous arrivés ? Je vous préviens : si les réponses ne sont pas les bonnes, on vous abat sur place.

— Nous venons de Coblence. Nous avons été transportés jusqu'à la frontière dans le camion d'un fromager.

L'archange sourit.

— Ce fromager, nous l'appelons Bélénos.

Apparemment, le court sur pattes est le chef.

— Nous devons partir par le sud, on vous expliquera en route. Avez-vous faim ?

Le grand hâve leur distribue un morceau de saucisse et du pain sur lequel a séché du beurre. Puis une gourde de vin.

Ils ont des noms de guerre. Le court sur pattes, Toupie. Le grand hâve, Ysengrin. Le dernier, Molière.

— Paraît que vous avez refroidi le fils d'un général ?

— Son neveu.

— En avez-vous eu d'autres ?

— Non…

— J'en ai tué un, raconte Toupie. À la baïonnette. On était en train de battre en retraite, les ordres étaient clairs, fallait laisser l'ennemi gagner, mais quand j'ai vu ce blondinet se promener en vainqueur, j'ai pas pu faire autrement. Après quoi, j'ai trouvé d'autres déserteurs qui, comme moi, voulaient pas donner la France aux nazis.

L'équipe se met en route vers l'ouest, par les chemins de traverse. Le mieux serait de se taire, mais les trois résistants sont bavards.

Ysengrin parle du Général. Il récite l'appel du 18 juin mot à mot. La guerre n'est pas perdue, il insiste là-dessus. Molière explique qu'il faudra être à Paray-le-Monial dans deux jours pour convoyer des bandes de munitions de mitrailleuse 30/30 jusqu'à Montbrison.

— J'aimerais mieux rentrer à Toulouse, dit Joseph. Je suis inquiet pour ma mère.

— Je t'accompagnerai, dit Vadim, il doit y avoir des résistants là-bas.

— Il y en a, confirme Ysengrin. Si vous allez à Toulouse, il vous faudra entrer au service de Latour. Il dirige le quart sud-ouest. Pour le trouver, vous devrez entrer en contact avec une bonne femme.

— Une maquerelle, dit Molière. On la surnomme la Cardinale.

III

Pas de plus grand amour

« L'horrible, le somptuaire, le très lent,
l'auguste, l'infructueux,
le fatal, le crispant, le mouillé, le lugubre,
le tout, le très pur, le ténébreux,
l'âpre, le diabolique, le tactile, le profond… »

César Vallejo, *Poèmes de Paris*

Les phrases arrivées à Toulouse par flux et reflux – phrases de guerre, de conscription, d'armistice, d'exode, de rationnement alimentaire, coups et contrecoups, défaites sportives, averses intermittentes, réévaluations des bons du Trésor, rafales de sable, flambée du cours de l'étain, modifications cadastrales – y ont déséquilibré certaines de ces alchimies qui font d'une ville une ville plutôt qu'un agrégat létal. Les manifestations tangibles de ce détraquement ont commencé lorsque des éclairs de chaleur ont détaché des lanières de béton devant les trottoirs de la rue Croix-Baragnon ; puis des sanglots de rouille ont contaminé la fontaine aux trois anges, place de la Trinité ; d'intermittentes avaries ont brouillé le réseau électrique, ce qui, la nuit, a pour conséquence d'exciter les lampadaires, de sorte qu'on jurerait qu'un incendie a éclaté quelque part, mais qu'on est incapable de dire dans quelle direction. Rue du Jardin-des-Plantes, un marchand de lessive a couché le châssis de son Citroën B15 à carrosserie normande ; cela ne serait pas arrivé si les freins avaient été révisés ; résultat, une odeur douce-amère de solution basique a envahi la ville, et il n'est pas rare de voir des grappes de bulles détersives déposées par le vent sur les herses de la prison Saint-Michel. À noter également que, depuis la sortie de l'hiver 40, les boulangers se plaignent d'une dépression atmosphérique qu'aucun baromètre n'a enregistrée ; à leurs yeux, pourtant, aucun doute : le miracle de la levure est à la peine, la faute à cette profondeur dont l'air a été privé par le printemps, comme si le soleil, en se rapprochant de la Terre, l'avait pelée au scramasaxe. Autre fait remarquable : la viande de bœuf arrive au marché-gare constellée de taches grises qui n'en changent pas le goût et, au dire des médecins, n'ont rien de dangereux, mais qui, sur la table des restaurants, font mauvais genre. L'oxydation dont elles proviennent, ainsi que la dépression dite « du levain », donne à l'eau du robinet un goût d'encaustique et transforme la bière en mousse aussitôt qu'on la sort de la bouteille ou qu'on la tire (dans le meilleur des cas, il faut patienter quinze minutes pour quelques gouttes) ; c'est aussi cela qui perturbe le sommeil des enfants et qui, chez les femmes, augmente le flux des menstruations.

Pendant ce temps, au nord, très loin, dans un pays où, paraît-il, on accroche des boucliers aux branches des arbres, la colère du général von Goetz est demeurée intacte. La nouvelle s'est répandue en France. Attablées au-dessus d'une omelette au sel, les familles, d'habitude mal à l'aise, assommées par l'armistice, retrouvent de leur complicité chaque fois qu'elles imaginent ce géant en train de remuer du sang dans des sébiles et d'en appeler à des walkyries dont l'hostie est vengeance. Quel que soit le degré de véracité de ces évocations, il est certain à tout le moins qu'elles ne reposent pas sur rien, dans la mesure où, à Toulouse, comme ailleurs, la police française entretient pour le compte des Allemands un trombinoscope sur lequel les visages de Joseph Portedor et de Vadim Hache figurent en bonne place – une place leur garantissant, en cas de capture, d'insurmontables atrocités.

Huit mois que la Cardinale feuillette pour Vadim et Joseph le répertoire de ses planques. Huit mois qu'elle leur dit l'étage, la tuile sous laquelle la clef, le nom de code de l'agent dormant qu'il faudra réveiller, les rideaux à tirer, les volets à clore, les sésames, l'enchaînement à respecter, l'adresse des fausses caves, des combles, des sacristies, des remises et des buanderies. Huit mois qu'ils lui obéissent au doigt et à l'œil, déménageant sans cesse, balluchon au poing. Un mercredi sur cinq, elle leur fait parvenir du linge, du tabac, de la bière, des pois chiches et des lingots de savon. Les Allemands savent qu'ils sont dans la région. Depuis que la France a été envahie, pas un secret ne se garde, mais quelques jours ça tient, pourvu de savoir sur quelle chevillette tirer.

Von Goetz a envoyé des agents. Personne ne sait ni qui ils sont ni même s'ils se trouvent dans les parages, ce qui n'empêche pas les sources de la Cardinale d'avoir ouï dire que les paladins du général étaient pires que les pires chiens de la Gestapo.

Les rares fois où elle a l'occasion de voir Vadim et Joseph en chair et en os, elle essaye de les rassurer.

— Ces hommes, j'en fais mon affaire. Tant que vous suivez mes instructions, il ne vous arrivera rien.

Lorsque la France était en guerre, la Cardinale résistait par inaction, opposant aux larmes de tous ces soldats revenus de la Meuse avec des lavis de sang sous les oreilles et de la ficelle à rôti nouée autour des couilles, ses bâillements de maquerelle. En guise de médaille, elle leur versait du café sur les genoux. On la trouvait alanguie dans un sofa, les yeux révulsés. Le Hollandais ne la comprenait plus. Elle disait qu'elle n'en avait rien à foutre. Elle ne s'occupait pas des filles qui la volaient sans scrupule. Elle n'aidait plus les Espagnols et n'était plus communiste depuis le 23 août 1939. Elle se gavait de flan, de marrons glacés, d'alcool de fleurs, rotait, fumait des havanes en les enfonçant le plus loin possible dans sa gorge ; son maquillage débordait de ses lèvres, le fard à paupières était exagéré. Ce fut lorsque le général Huntziger signa l'armistice dans la clairière de Rethondes, et que la France devint officiellement inactive et fut coupée en deux, que la Cardinale entra en guerre. Elle fit le ménage, s'acheta des culottes de cavalière, des chemises à grand col, congédia une douzaine de filles, et obligea les autres à se serrer les cuisses dans des drapeaux enduits de jus de citron, en leur disant que c'était pour raffermir la peau alors qu'il ne s'agissait que de tester leur tempérament. Elle fit accorder le piano du Hollandais et rafraîchir la peinture par six Arabes qui travaillaient à poil en sifflotant. Elle était entrée en contact avec le maquis de Vabre. Elle réveilla une infrastructure mise en sommeil depuis 38, faite de putains le long du canal, et d'éclusiers, de pêcheurs, de vignerons, de grand-mères ashkénazes, de monarchistes désargentés, d'ouvriers italiens, de carmélites et de chanoines portugais. Elle commandait à des nuées d'oiseaux échangeant des informations à petit bruit de Montpellier jusqu'à Brive et de Brive à Bergerac, de Bergerac à Tarbes et de Tarbes à Perpignan. Elle a minci. Elle baise avec le Hollandais trois ou quatre fois par jour, sans quoi elle n'aurait pas, comme elle dit, « son compte ». Les Allemands la surveillent, mais elle n'a jamais commis la moindre erreur. Chez elle, c'est le défilé jour et nuit. La Gestapo a fouillé à trois reprises ; trop de colifichets, de miroirs, de statues de plâtre, trop de couloirs, de plaques, de rideaux. À vrai dire, ils ne croient pas qu'elle soit résistante, mais ils se sentent insultés par son rire énorme, nietzschéen sans être allemand, de même qu'ils se sentent insultés par cette façon qu'elle a de leur citer des alexandrins pornographiques à tout bout de champ, en se fourrant la main entre les jambes, juste avant de leur servir un bourgogne au prix d'un pic-saint-loup et de vanter la beauté d'Hitler, l'intelligence d'Hitler, la ponctualité du « Seigneurissime », et de leur assurer qu'Hitler est « l'archange de la Vérité », puis elle se tait sans qu'ils puissent dire si oui ou non le Führer a été insulté – et déjà elle leur tend un plateau de madeleines fourrées à la confiture de framboise, déjà elle les remplit d'alcool de cerise, et déjà elle fait entrer des filles à la peau lunaire, agitant des breloques qu'elles portent sur les hanches en guise de vêtements. Une fois dans les chambres, celles-ci leur soutirent des informations tandis qu'ils se rincent à l'eau de prune ou à la chartreuse fluorescente. Les putains les déshabillent, mais conditionnent leurs caresses, et retiennent l'étreinte, cherchant, sous les nerfs, où le plaisir devient bavard. Elles chauffent la chair, tout est humide et frétillant, c'est l'illusion de la luxure, le rappel d'un ventre où il n'y avait aucun secret possible, elles s'enroulent autour de leurs douleurs d'officiers et deviennent, pour leurs âmes de nazis, membranes de douceur. Pourtant ils sentent en les baisant qu'ils ne vont pas *partout*, qu'ils ne les consomment pas *tout à fait*, et ça les rend plus enfants encore, donc plus loquaces. Il y a un truc entre les jambes de ces filles qui restera à jamais français, c'est ça qu'ils voudraient voir, qu'ils voudraient toucher, et c'est à ça qu'ils parlent quand, après l'amour, ils pleurnichent. Quand les officiers sont partis, les filles remettent leurs guêpières, se lavent à la térébenthine et se transforment en standardistes ; on soulève les canapés, on relève des engins cachés sous des tapis de laine et dans des alcôves en bambou. Pour quelques heures, la Chapelle se fait centre de commandement. La Cardinale envoie à Joseph et Vadim des messages cryptés, ils doivent intercepter un chargement, relayer une localisation, afficher des tracts, faire sauter le câble télégraphique qui relie Montauban à Saint-Jory, couper un générateur à Longages. Elle gêne les nazis sur le terrain de la paix, en rendant la France inconfortable.

— Si un jour les Allemands se doutent de quelque chose pour Portedor, ils voudront t'interroger, prévient le Hollandais.

— Ne dis pas de conneries et donne-moi une cigarette, puis mets-toi à quatre pattes, tiens, je veux que tu sois mon chien, t'as entendu ? Je veux que tu sois un chien et que tu me transperces comme si t'avais tué un loup.

En décembre 1940, la municipalité a fait tendre des gaines électriques sur les murs de la rue du Pont-de-Tounis, lesquelles émettent un grésillement continu à vous rendre dingue. Le club portugais ouvre encore ses portes, mais rares sont les ouvriers à venir boire une bière, rapport au bruit ; et, s'ils sont plus de quatre, une bagarre éclate. Pour pas arranger les choses, une pellicule de crasse a recouvert les murs des anciens bains de la Samaritaine, dont les ornements ressemblent plus que jamais à des décorations de kermesse. La chourette a frotté les façades au vinaigre et au gros sel. Le niveau de la Garonnette a baissé. Pendant des semaines, on a trouvé des poissons-chats échoués sur le dos, dont la respiration évoquait un râle de grand brûlé (des gamins sont venus les dépecer après qu'une pharmacienne du quartier des Minimes leur a parlé des vertus aphrodisiaques des plaques osseuses que ce genre de siluriforme a sur la peau). Outre les poissons décharnés, des pelotes d'herbe font d'étranges dolmens boueux.

— Je ne reconnais plus le quartier, dit un jour Mme Grandin à Mme Maréchal, avant d'ajouter en roulant ses yeux de rhinocéros : Nan, mais qu'est-ce qu'il se passe ?

— Il se passe que nous avons été envahis, répond Mme Maréchal dont le mari et les deux fils sont morts au Chemin des Dames.

— Ce grésillement, c'est insupportable.

Thérèse aurait dû s'enfuir aussitôt que le nom de Joseph a été inscrit sur le fameux fichier transmis par les Allemands à la police française, ou tout du moins elle aurait dû se cacher, mais la Cardinale a élaboré un plan afin de lui permettre de rester chez elle sans éveiller les soupçons. Ce plan s'appelle « collaboration ». Il s'agit de se rendre tous les jours au commissariat de la rue du Rempart-Saint-Étienne sans y avoir été conviée, et de prévenir les agents de police qu'elle n'a reçu aucune nouvelle de son fils, aucun signe, l'ingrat, pas même une petite lettre, le petit salopard de déserteur, ah l'assassin de mes deux, l'enflure, pas même un petit billet pour sa pauv' mère, comment qu'elle va les payer, sa pauv' môman, les huiles d'ortie pour son arthrite et les doses d'acide citrique pour torréfier ses cors aux pieds ? Elle répète qu'elle les avertira aussitôt qu'il sera là, et qu'elle reviendra tout à l'heure ou demain, dès qu'il faudra, pour donner ce tueur d'alliés, ce jean-foutre, ce pas-nazi ingrat qui doit être planqué quelque part dans une piaule d'israélites. Les policiers, qui ont d'autres chats à fouetter, en ont marre évidemment de cette bonne femme tenant à tout prix à livrer sa progéniture aux Allemands. Cela les dégoûte qu'une Française soit capable de dénoncer ainsi son propre fils par adhésion à l'idéologie aryenne. Certains, parfois, l'insultent, « Encore toi, la vieille, toujours là avec ton venin dans ta bouche de misère », mais

Thérèse insiste, elle les poursuit, en clamant que Joseph est un lâche comme son lâche de père.

Pour plus de prudence, la Cardinale a voulu l'éloigner des magouilles de la Chapelle et lui a dégoté un emploi à la mercerie Merrick, place des Carmes, à moins de cent mètres de l'île de Tounis. C'est là que travaille également Ninon, qui a trente-six ans désormais et à qui la Cardinale a signifié que, pour faire la vendeuse, il faut être une vraie putain, alors que pour faire la putain, il faut surtout être une bonne vendeuse, en tout cas meilleure que Ninon qui se met à chialer chaque fois qu'un client, plus poli que les autres, dit « merci » ou la vouvoie.

Grâce à la mascarade jouée par Thérèse au commissariat, Joseph peut rendre visite à sa mère sans courir trop de risques. Tard la nuit, il grimpe l'escalier avec les mêmes précautions que jadis les Espagnols. Elle l'entend. Il ne vient qu'une fois par mois, mais, chaque soir, elle veille, livre à la main, près de la cheminée. Même quand elle s'est endormie et que Joseph monte à pas de loup, elle l'entend. C'est son fils : elle l'entendra toujours. Les souvenirs vont vers elle comme dans le colimaçon d'une tour fortifiée. Le fantôme d'Emmanuel est dans la cage d'escalier, Thérèse l'entend lui aussi, avec sur les épaules la croix blanche de son calvaire. Ah, si seulement ce fantôme n'était qu'un linceul comme dans les tableaux romantiques – mais c'est un fantôme de chair, ce sont les traits d'Emmanuel, c'est lui qui monte, et en même temps ce n'est pas lui. D'abord, Joseph ne dit rien, il la serre de toutes ses forces, il pue la transpiration, la poussière, la vie. Thérèse vérifie l'équilibre général, puis scrute le visage, ce visage que chaque matin elle ne peut s'empêcher d'imaginer lacéré, à l'abandon dans un bas-côté, piqué de fleurs violettes, criblé de balles, les yeux arrachés, la langue rougie à la tenaille, la cervelle tirée morceau par morceau à travers les narines.

Joseph s'inquiète :

— Certains résistants parlent de tes virées au commissariat, ils te prennent pour une collabo. Si le vent tourne, ils viendront te chercher.

— Qu'ils viennent, tes résistants, ils apprendront de quel bois je me chauffe.

Joseph en profite pour passer un moment dans sa chambre d'enfant ; il colle la tête au parquet. Dans cette pièce, tout parle d'elle. Tout est resté à elle. Il en pleure d'être aussi con… Une nuit, il s'endort, comme ça, sur le sol, tandis que Thérèse dort elle aussi, sur la chaise de paille, près de la cheminée. Le soleil les réveille à six heures. Joseph doit partir avant qu'il y ait trop de monde dans le quartier.

— Mange quelque chose au moins.

Il dévore du pain, se barbouille de café au lait.

— Tu repartiras ce soir.

— Vadim va s'inquiéter.

Elle le regarde. Il est grand, beau…

— Reste.

— Je dois partir, ou tu seras en danger.

Il l'embrasse. Pour elle, il est temps de se rendre au commissariat et d'y donner son numéro habituel.

— Je t'aime, maman. Je te protégerai.

Dans la rue, Joseph croise Ninon. Elle l'a reconnu de loin. Elle porte une robe de velours, un châle, une faluche de lavandière et un chemisier empesé à l'amidon. Elle presse le pas, la lumière de l'aube la devance, attachée à ses chevilles comme un toutou. Dans la poche de sa robe cliquettent de longues clefs de plomb, sans doute celles de la mercerie, ou bien de sa mansarde sur le boulevard du Canon-d'Arcole. Ninon se retourne, ses joues sont roses à cause du froid ; Joseph a disparu.

Une fermette près de Verfeil. Un vent sec, noir : l'automne…

Vadim a écrit un poème. Il a déchiré les pages de son cahier et les a éparpillées devant l'âtre. Autour de lui, les chaises sont renversées. On aperçoit aussi des statues de bois brisées : ici un buste de Caïphe, là-bas un mammifère, peut-être un chien, le roi d'un jeu d'échecs, une pomme d'ébène, la silhouette d'un berger.

Vadim tient à la main une bouteille de blanc, sa troisième aujourd'hui. Onze heures du matin. Il tourne en rond. Il paraît qu'un homme a passé la journée d'hier à chanter cul nul dans le lavoir de Verfeil. Lorsque Mme Lacoste lui a raconté cette histoire, Vadim en a tout de suite conclu que, s'il y avait encore en France des gens capables de faire de pareilles âneries, alors la nation n'était pas tout à fait nazie.

Joseph est à Gragnague, au bois de la Reulle, où il récupère chaque semaine le panier déposé à leur intention par un cantonnier de l'Union, lui-même l'ayant reçu d'une fille de la Chapelle.

Un homme appuyé sur une canne à pommeau observe la scène à travers une fenêtre. Vadim ne s'en est pas rendu compte. Il boit, il gueule, il porte des toasts à la santé de ce fou qui chantait hier en tenue d'Adam dans le lavoir de Verfeil. L'homme saisit des fragments de phrase :

lacs souterrains… parousie… Descartes… baroque… crucifix… escale… ampoule… quatrième églogue… pression à froid… galette… Castellani… rivage… doruphoréma… possesseur… astéroïde… estomac… évier… carignan… brûlure… tabouret…

Régulièrement, deux alexandrins reviennent, que Vadim crie comme s'il s'agissait d'une incantation :

Fut sur l'étang à l'aube un oreiller de laine
À l'heure où le poignard encerclait le cochon

(Imaginez sa voix hystérique, séchée à l'alcool et à la fumée… Une voix, si vous voulez, à la Antonin Artaud, mais deux octaves en dessous.)

Fut sur l'étang à l'aube un oreiller de laine
À l'heure où le poignard encerclait le cochon

Soudain, Vadim est interrompu dans ses vociférations : Joseph vient de surprendre l'homme à la canne et lui a plaqué la tête contre la fenêtre.

— Qu'est-ce qui se passe !

— Ce gars t'observait…

Joseph tient l'inconnu, le fouille : pas d'arme. Pourtant ce n'est pas un simple curieux : cicatrices, imperméable en toile hollandaise, il sent l'ammoniac, le cigare, les magouilles. Sa canne n'est pas d'ici. La blessure à la jambe est ancienne. Joseph touche pour vérifier, ce qui provoque le tressaillement caractéristique : il y a eu fracture, hémorragie, ligaments tailladés, infection, les os ont été reconstitués à la feuille de fer, le pus drainé sur une aiguille à tricoter, les nerfs renoués deux à deux, les muscles recousus au boyau de chat.

— Qui es-tu ?

— Jo, tu ne me reconnais pas ? Je viens de la part de Latour.

Sa voix a beau être familière, Joseph n'est pas sûr d'avoir déjà vu cet homme au nez cintré, aux yeux fondus, au front d'ouvrage. C'était il y a longtemps…

Il relâche l'étreinte, mais garde la paume sur le cou qui vibre, tiède et fragile comme un oiseau. Joseph regarde mieux. Il reconnaît la ligne claire des oreilles, les lèvres en âme de violon…

— C'est moi, Jo.

Ressuscité d'entre les morts : Michel Denax !

Ce n'est pas une raison pour lâcher prise. Comme dit la Cardinale : « La collaboration a le goût des souvenirs. »

De son côté, Vadim nage en plein délire.

— Voici l'ange désailé ! Le marmiton des enfers !

— Il a l'air rigolo, ton copain.

— Que fais-tu ici ?

— Je travaille avec Latour à Bordeaux. Les ordres, c'est moi qui les transmets. J'ai vu la Cardinale hier, elle m'a dit où tu créchais, mais, ce qui m'étonne, c'est qu'elle ne t'ait pas prévenu.

Joseph regarde dans le panier récupéré à Gragnague et trouve une missive les avertissant de l'arrivée imminente d'un « très ancien ami ».

Il le lâche, l'embrasse, le retrouve.

— Je croyais ne plus jamais te revoir.

— La guerre fusionne l'Espace et le Temps en un seul point instantané.

— Un seul point instantané, répète Vadim avant de s'avachir contre un mur et de téter les dernières lignes de sa bouteille.

Joseph essaye de retrouver dans Michel un peu de sa mauvaise conscience : de cette époque où il croyait que le clocher était tombé par sa faute.

— Latour voulait que je vienne en personne.

— Pourquoi ?

Le sourire de Michel, à cet instant, est à la fois familier et terrible.

— Dans quelques jours, tu vas mourir, Jo, voilà pourquoi.

L'anarchiste (ou *Ce qu'il est arrivé à Michel Denax depuis que nous l'avons quitté*)

Jambe gauche : double fracture du fémur, fracture du tibia, rupture du couturier, adducteur écrasé ; jambe droite : fracture du tibia, rotule en trois morceaux, tête fémorale fendue, ligaments corroyés, entorse, miettes d'astragale ; bassin : os iliaque fendu, coccyx brisé.

Après la catastrophe, Michel Denax fut transporté à travers l'océan des hôpitaux, dans un archipel de draps, compresses et perfusions, qu'abordaient des verdicts intermédiaires, mais jamais une sentence définitive, nulle part la terre ferme. Ce fut d'abord l'hôpital de Clermont-Ferrand, puis Paris, puis Nantes, puis encore Paris. Ah, il en a vu, le pauvre Michel, des lits à barreaux – il en aura bouffé, des médicaments, pendant que les apprentis sorciers truffaient de flèches le carquois de sa jambe.

Michel a guéri miraculeusement : l'os s'est reconstitué, la peau a épaissi, les muscles ont renoué leurs alliances et, comme dans l'évangile, Michel, sous les yeux circonspects des médecins, s'est levé, puis a marché de mieux en mieux. Une telle expérience aurait dû le conforter dans l'idée d'embrasser la carrière dont il rêvait. On aurait pu imaginer en effet qu'à la vue de ces âmes penchées sur son cas et pressées de lui administrer leur bonne conscience Michel, ivre de reconnaissance, se serait jeté à corps perdu dans la filière, pistonné par quelque chef de service aux mains enduites de *cold cream*, et qu'après ça il aurait grimpé les échelons, se serait acheté un nœud pap et un coupe-cigare comme ils ont tous, aurait publié une série d'articles consacrés à l'arthrose ou à l'hypertension, sauvé des vies, sans oublier de soulever parfois une étudiante dans le cagibi où sont conservés, dans du formol, les bébés siamois. Seulement, ce n'est pas de cette façon que les choses se sont déroulées. Quelques jours après son arrivée à l'hôpital de Clermont-Ferrand, Michel s'était mis à ressentir une gêne qui n'était pas liée à sa blessure, pas plus qu'à un effet secondaire des anxiolytiques ou même au chagrin d'avoir perdu ses parents ; cette gêne, d'ailleurs, n'était pas forcément désagréable, et à vrai dire c'était ce qu'il y avait de plus gênant chez elle. Michel se demanda longtemps avec quel mot il pourrait décrire ce que lui inspirait l'hôpital. Il crut un moment que « bolchevique » ferait l'affaire, mais se ravisa après la lecture d'une série d'articles consacrés à la famine ukrainienne « Holodomor » ; sans doute avait-il compris que la méthode bolchevique consiste à prendre la société par surprise (on casse, on remplace, on invente) tandis que l'hôpital est une organisation qui s'y enroule comme un lierre (on rationne, on requalifie, on exploite). Il chercha encore et dénicha finalement le terme adéquat dans un des rares livres de la bibliothèque qu'il n'avait pas encore consultés : *Le Sahara, le Soudan et les chemins de fer transsahariens.* En refermant l'ouvrage, il sentit autour de lui la présence protectrice et inquiétante des seringues, du bras métallique du lit, du pot de chambre, ainsi que de cette fausse fleur en papier que lui avait offerte une bonne sœur à Noël, et il parvint à nommer ce qui le gênait depuis le début : l'hôpital était *colonial.* Dans ce mot, il y avait tout : à la fois l'idée d'invasion, l'idée d'hygiène et l'idée d'une victoire dont la particularité est de transformer les vaincus en vainqueurs (le colon est vainqueur parce qu'il a gagné, le colonisé parce qu'il y gagne). Aux yeux de Michel, cela devint lumineux. L'hôpital est une force colonisatrice qui indifférencie les êtres dans la gloire. Quant à ceux qui n'y sont pas encore, ils y seront tôt ou tard intégrés, qu'ils soient fascistes, démocrates, chrétiens, massaïs, marxistes, japonais, aborigènes, aztèques, dresseurs de rennes, paysans annamites, self-made men américains, prêtres, derviches tourneurs, bédouins ou pêcheurs – tous y finiront parce que l'hôpital est ce que la civilisation occidentale a inventé de mieux pour que personne ne lui échappe. Même les poètes meurent à l'hôpital.

Michel essaya d'exposer sa pensée à un médecin.

— Le monde entier deviendra un hôpital. La piqûre aura remplacé l'eucharistie. Dans nos corps, des molécules de synthèse travailleront au milieu d'une forêt de tubes en plastique. Nos organes fonctionneront à l'électricité.

Le médecin souriait.

Il sembla bientôt à Michel que ceux qui l'entouraient étaient ses ennemis malgré leur caractère séduisant (les colons sont toujours séduisants : heaume flamboyant, whisky, cigarettes, droits de l'homme). Les autres malades aussi étaient ses ennemis : Colette avec son ballon respirateur, François avec ses prunelles blanc-bleu, Antoine avec son fauteuil à roulettes. Qui peut libérer un esclave quand celui-ci est consentant ? Aussi Michel décida-t-il de quitter l'hôpital sans être guéri. Va pour la canne… Il ne voulut pas rentrer à Toulouse où il lui aurait fallu affronter l'ombre absente du clocher. Il fut embauché comme imprimeur à Bordeaux. Il partageait une chambre dans les combles d'un immeuble haussmannien près de la gare, avec d'autres imprimeurs qui l'écoutaient raconter que les Anglais, les Allemands et les Russes étaient tous les mêmes, et que le pape aussi était du lot : « C'est rien que des médecins qui veulent décrocher Jésus de sa croix, désinfecter ses plaies, le moucher, puis injecter de la morphine dans ses veines pour l'empêcher de ressusciter. »

La première fois qu'il entendit un discours d'Adolf Hitler, Michel pensa que l'hôpital avait désigné un nouveau champion. Il fut réformé à cause de sa jambe et de ce que l'armée appelait « un comportement anormal », mais combattit par ses propres moyens. Il fallait que le monde reste sale et irrationnel, étant entendu que, d'après Michel, la saleté et l'irrationalité, mieux que les canons, empêcheraient les nazis de transformer le monde en hôpital.

La saleté et l'irrationalité… Affoler les pas de vis au cutter, casser du bout de sa canne les ampoules des lampadaires, tirer la langue aux mères tenant leurs enfants par la main, traverser en dehors des clous, crayonner les portières des automobiles au canif, dépoter les oignons de tulipes, acheter chez le traiteur des dés de viande et des galettes de pomme de terre et les jeter dans une benne à ordures devant les yeux d'un clochard médusé, rentrer ses cols de chemise vers l'intérieur, boutonner lundi avec mardi, pisser dans l'évier, ne jamais accorder un participe, ne jamais doubler non plus une consonne, piétiner les salades, réciter Villon, rire quand quelqu'un pleure, pleurer si quelqu'un s'amuse, s'esclaffer quand quelqu'un se tait, inventer de fausses énigmes, jeter le journal sans l'avoir lu, fumer seulement le filtre, se brosser les dents à l'éponge, péter dans le wagon à huit heures, gronder les bonnes, imiter le cheval, le sanglier, l'éléphant, la cornemuse, se maquiller les yeux, parler à l'envers, lacer la droite à la gauche, tomber exprès, ricaner pendant l'élévation, shooter les crottes de chien, éteindre les chandelles sous les madones, gratter les plaques votives au cure-dent, renverser sa soupe, souffler dans les pailles au lieu d'aspirer, lancer des œufs sur les poules du Jardin des Plantes, verser de la soude dans les ruisseaux, arroser de lessive les granulés pour chevaux.

En entendant l'appel du général de Gaulle, Michel se dit qu'il fallait devenir encore plus sale et plus irrationnel qu'il ne l'avait été jusque-là. Il quitta les imprimeurs et s'installa seul à Bergerac, où il entra en contact avec le réseau « Clodomir » dont le mot de passe sur Radio Londres était : « De la chouette au merle blanc, le chargeur n'a que vingt balles. » Après les vérifications d'usage, Latour le nomma messager. Depuis ce jour, Michel est en contact avec la totalité du réseau. Pour tromper la vigilance de la police qui pourrait se méfier de ce vagabond sillonnant la région, il fait ce qu'il sait encore faire de mieux : le mariole. Il casse des choses, chante à tue-tête, se roule par terre aussitôt qu'il aperçoit une automobile. On le connaît dans la région : c'est

« le fou », « le crétin », « le simple », « l'idiot », certains disent « le saint », mais personne ne pourrait croire que ce type avec sa canne, un réformé qui n'a même pas fait la guerre et qui est complètement sonné depuis qu'un clocher de quatre-vingt-trois pipes a tué ses parents et lui a bousillé les jambes, puisse porter des messages pour le compte du réseau Clodomir.

Et maintenant il est là, et il vient de raconter toute cette histoire à ce garçon qu'on voyait ramasser des paquets de farine sur l'île de Tounis, des paillettes de bois et des lambeaux de ferraille pour les porter à sa bouche, et qui n'était pas tout à fait son ami à cause de la différence d'âge, mais que Michel appréciait, car Joseph Portedor était une des seules personnes avec qui il pouvait discuter.

— Si on te parle à Verfeil d'un homme qui a fait un bain de fesses dans le lavoir en chantant la Fanchonnade...

— C'était vous ! s'écrie Vadim avec admiration.

— Pourquoi es-tu là ? demande Joseph.

— Nous avons besoin de toi pour une mission. Sans doute la plus dangereuse jamais commanditée par le réseau. Il s'agit de couper un câble sous-marin près de Perpignan. Il faudra le faire avant mercredi, car deux régiments américains vont être envoyés d'Afrique vers Naples et Monte Cassino, et nous devons à tout prix empêcher les vigies de prévenir la France. Par la terre, le message ne passera pas, les équipes de Lyon s'en seront chargées. Il n'y a que vous qui puissiez le faire, parce que tu es, Joseph, notre seul artificier. Latour aurait envoyé quelqu'un d'autre si ça avait été possible. Celui qui fera sauter le câble mourra, mais cette mission est capitale, sa réussite passe avant tout, et nous n'avons que toi.

Michel se tourne vers Vadim.

— Nous n'avons que vous.

— Tu as dit que Latour aurait préféré envoyer quelqu'un d'autre. Pourquoi ?

— Parce qu'il te connaît, Jo, il connaît ta mère, et vous avez déjà été en danger l'un et l'autre à cause de lui. Voilà pourquoi. Si tu meurs, Thérèse ne le lui pardonnera jamais, ni Dieu non plus.

— Mais qui est-ce ?

Pendant quelques microsecondes, Joseph a la certitude que Michel va lui dire que le chef du réseau Clodomir n'est autre que son père, Emmanuel Portedor, revenu d'entre les morts pour terrasser l'envahisseur.

— Avant la guerre, on l'appelait « père André ».

C'est assez naturellement que Joseph, le bibliothécaire de la rue Saint-Rémésy, évadé de Coblence après avoir assassiné le neveu d'un général, s'est fait artificier. Du moins, c'est ce que pense Vadim :

— Bibliothécaire et artificier, au fond, c'est le même métier. On lui donne ce nom-là en temps de paix et ce nom-ci en temps de guerre, mais en réalité c'est la même tambouille infernale. Il s'agit de rouvrir la blessure du péché et d'y fourrer les doigts, comme Thomas dans les plaies du roi Jésus, tournicoter, écarter les lèvres purulentes, passer un briquet pour mieux voir…

Être un autodidacte n'a pas empêché Joseph de développer une expertise comparable à celle des meilleurs artificiers allemands. Tous les engins de sa conception ont une forme, un poids et un dispositif de mise à feu spécifiques. Pour les réaliser, il commence par documenter la cible (points faibles, densité, configuration, coefficient E) en s'efforçant de l'imaginer par l'intérieur. Il s'agit de pressentir, y apposer la paume de sa main, énumérer les registres de la matière, ses états, son répertoire, dresser l'anthologie de ses qualités, sonder sa substance, lister ses accidents, enfin défaire l'objet par la pensée :

contrarier, décréer, anéantir. Si c'est un pont, mesurer la chambre écho sous chaque arche, tracer les faisceaux de résonance, gratter le revêtement, carotter une pile ; pour les rails, qualifier l'alliage, son électronégativité, sa capacité d'amortissement, son point d'ignition ; pour le ciment, mesurer la granularité, la concentration massique, tester la résistance à la chaleur, si possible sur échantillon et sinon par colorimétrie. Une fois la chose connue (surtout *reconnaissable*), Joseph installe ses instruments sur une plaque d'un matériau miscible à rien, et commence la cuisine. Cela lui procure une espèce de joie. Il mélange une graisse de maréchal-ferrant grumeleuse à de la poudre à cartouche et à des paillettes de fonte. Pour soulever un rail, il utilisera du fer ou un alliage à base de graphite ; pour le déchirer, du plomb ; du cuivre pour grêler une locomotive, impressionner sans abîmer ; du magnésium pour ramollir les points de jonction ; du nickel pour les liquéfier ; sur le béton, de la pentrite ; si le béton est armé, des pains de gomme ; pour souffler le verre, des grains d'orge et de la paille compressée dans une crépine de caoutchouc ; pour les pylônes, des graviers lisses mélangés à du sable et à un acide nitrique peu dosé ; des galets plats, de l'acide picrique et des écrous pour les blindés de deuxième et troisième classe ; des dragées de nitroglycérine pour les première classe à capot renforcé. Il enduit les mèches de saindoux après les avoir tressées sur trois brins dans l'eau glacée et le lait de chaux. Selon ses envies, il ajoute à la bombe des tessons de verre blanc, ou bien des morceaux de miroir trempés dans le nitrobenzène, ce qui donnera à l'attentat un tour sidéral que les Allemands, superstitieux comme ils sont (superstitieux et wagnériens), ne manqueront pas d'interpréter. Pour la bourre, rien de tel que le marc de café additionné à de la paraffine. Et pour certains édifices peu protégés, préférer à la bombe les méthodes douces : fragilisation par hydrogène, formage à froid, poudre de chrome, reptation.

Vadim voit son ami s'enfoncer dans la nuit avec d'étranges paquets, auxquels l'obscurité donne un aspect de crâne de lion. Joseph sait toujours où déposer « l'affaire » ; il l'y enfonce comme si c'était la pièce manquante d'un puzzle (celle qui, selon la légende, *provoquera l'apparition*). Avec ses pouces, il presse, colmate, parfois il s'encourage d'une prière, ses mains tremblent. Dérouler la ligne, se lover dans l'ombre, dans ses quinconces, ses grillons, son tissu ferreux, dans sa lune cubiste, ses marécages, et attendre, attendre le moment décisif, pour faire sauter les portes du Royaume.

Comme toujours, il pense à Anima… Il l'imagine à Coblence. Son visage, sa peau, son parfum.

Les explosions ne sont pas sans surprise. Souvent, la matière regimbe. Le ciment fond comme du fer, le fer s'effrite comme du ciment et, brûlé à sept cents degrés, le verre fait des bulles magnifiques et extrêmement dangereuses.

Chaque fois qu'il fait exploser quelque chose, Joseph imagine qu'Anima est avec lui. Elle le félicite. Elle rit aux larmes. Elle lui tient la main, comme elle la lui tenait dans le jardin des Mabillard, chez qui Lamour tonitruait.

Seigneur, elle lui manque tellement. Elle lui manquera toujours… Toujours il entendra sa voix… C'est comme ça. C'était comme ça dès le début.

Pour la mission confiée par le réseau Clodomir, il faudra faire exploser des câbles télégraphiques en mer. Les sectionner ne suffirait pas : trop facile à réparer. Donc les pulvériser sur la longueur. Un cauchemar pour n'importe quel artificier, à cause des courants de fond et de la non moins imprévisible salinité de l'eau, susceptible de produire des inversions de charge. De surcroît, le câble est gardé nuit et jour par une vingtaine d'Allemands. Un périmètre a été circonscrit entre deux rideaux de bouées situés chacun à cinq kilomètres de part et d'autre. Les pêcheurs ont interdiction d'entrer dans la zone. Deux fois, des chalutiers ont été torpillés, dont un en pleine tempête. Cinq kilomètres, c'est trop pour un scaphandre. Quant à l'approche par la terre, elle est empêchée par deux murs de dix mètres de haut chacun, coiffés de barbelés et surveillés depuis une rangée de miradors. Il faudra passer par la mer, franchir la ligne en bateau. Joseph ne pourra procéder aux relevés habituels. L'aurore est préférable pour la visibilité. Sitôt le câble explosé, l'alerte sera donnée, et des navettes se lanceront à la poursuite de l'artificier. Même s'il arrive à détruire le câble, Joseph aura peu de chances d'en sortir vivant. Vadim tient malgré tout à l'accompagner.

— Je vais pas te laisser t'amuser sans moi, et puis c'est une belle mort, hein, une mort en mer. Au moins, c'est une mort en silence. Le corps gonfle, il paraît. On a vu des cadavres translucides comme des méduses, t'imagines un peu ? Ça doit ressembler à ça, les anges : des corps gonflés et chatoyants avec des yeux d'aveugle et des sourires de vache hindoue, ballottés par les courants du ciel, au milieu des baleines.

Joseph a insisté. C'est une mission suicide. Il ne veut pas que son ami meure. Il ne se le pardonnerait pas. Mais Vadim n'a rien voulu savoir. Il veut venir et battre contre Hitler. Il le fait pour une certaine idée que se font les poètes de ce que devrait être ou ne pas être la Liberté, tandis que Joseph, lui, le fait pour obéir à Anima (« Tu dois combattre Hitler »), parce qu'il l'aime, et pour qu'elle l'aime, au moins un peu… Ce serait ça, pour lui, la Liberté.

— Je dois récupérer du matériel demain à Toulouse. Nous partons après-demain, annonce-t-il à Vadim après avoir essayé une dernière fois de le dissuader. Michel a trouvé un bateau à Sète.

— De mon côté, je vais m'arranger avec la Cardinale pour le trajet. Le mieux serait d'y aller en train depuis Matabiau, et que le réseau nous dépose directement ton barda dans le bateau.

— N'y a-t-il personne à qui tu voudrais faire tes adieux ?

Les yeux de Vadim se troublent. Il pense soudain à Dounia, sa fiancée d'autrefois, partie avec Paul Éf à New York. Sont-ils restés ensemble ? Habitent-ils dans une de ces tours de verre qu'on croit apercevoir, par beau temps, depuis les côtes du Finistère ? Vadim devrait peut-être leur écrire une lettre pour leur dire qu'il ne leur en veut pas, et que l'idée qu'ils soient heureux l'un avec l'autre a fini par le consoler... Non... Il les laissera ronger leur frein de traîtres. Ça l'amusera de les hanter dans la mort : ce sera une espèce d'occupation.

— Pendant que tu seras chez ta mère, dit-il à Joseph, j'irai semer d'hypothétiques enfants chez les putains de la Chapelle.

Il pleure.

— Oh, Vadim...

— Je me confesserai dans le fond de leurs ventres, qui sait s'il y aura pas là-dedans un ange assez ailé pour intercéder en ma faveur.

Joseph descend la rue du Pont-de-Tounis. Jamais il ne sera chez lui ailleurs que dans cette rue en pente douce, qui est à ses yeux moins une collection d'images fixes qu'un film instable, bourré de trous de cigarette. Il détecte la présence de la moindre particule dans l'air, du moindre frémissement dans la structure des bâtiments. Un seul contact avec une personne ou un objet, même bref, du bout des doigts, lui livre sur-le-champ des centaines d'informations.

Thérèse comprend que cette visite n'est pas comme les autres. Elle porte sa laine cardée, une écharpe, elle sourit, elle refuse d'être vieille (en fait, elle résiste : elle a toujours résisté). Elle embrasse son petit garçon devenu un homme courageux. Elle l'aime, donc oui, elle a peur. Il faut être peureux pour aimer.

Joseph lui annonce qu'il va s'absenter quelques jours. Elle devine qu'il est venu faire ses adieux. Bientôt, il est au bord des larmes. Il se gratte. Elle a l'impression qu'il l'appelle à l'aide du fond d'un puits.

— Tu n'es pas obligé.

— Il le faut.

Elle a les mains sur le ventre. Elle ne saurait dire lequel d'entre eux a le plus besoin d'aide.

— Pourquoi !

— Des vies en dépendent.

Il a dit cette phrase comme une leçon.

— Si tu meurs, je mourrai. Tu m'auras tuée.

Il essaye de la prendre dans ses bras, mais elle s'échappe comme elle s'est échappée quand Emmanuel lui a tendu les siens… Elle veut s'assurer que quelque chose restera incomplet.

Elle finit par se jeter sur lui.

— Je t'en supplie.

Joseph la serre de toutes ses forces.

— Je reviendrai.

— Tu mens. Tu n'as jamais su mentir. S'ils te prennent, ils te tortureront.

— Ils ne me prendront pas.

— N'y va pas…

Il pleurniche, son nez coule, mais tout à coup Thérèse se détache.

— C'est à cause d'elle, n'est-ce pas ? Je suis sûr que c'est à cause d'elle.

La haine lui dévore les yeux.

— Qu'est-ce que tu racontes ?

— La petite youpine qui vivait à l'étage en dessous : c'est elle qui t'a convaincu.

Elle sait tout.

— Cela n'a rien à voir.

— Tu n'en as rien à foutre, des nazis. Tu fais ça pour elle. Tout ce que tu fais, c'est pour elle. Je te l'avais dit que les juifs finiraient par t'empoisonner le cerveau. Je t'avais prévenu qu'ils allaient prendre ta vie comme ils ont pris celle de ton père.

Elle ne pleure plus. Joseph a envie de se jeter à ses pieds en lui disant la vérité : oui, c'est pour elle. Tout ce qu'il a fait, toute sa vie, c'était pour elle.

— Tu l'aimes.

À cet instant, il jurerait que Thérèse le méprise.

— Tu vas mourir d'amour pour quelqu'un qui ne t'a jamais aimé.

On frappe à la porte. D'un geste, Joseph essuie ses larmes.

— Tu attends quelqu'un ?

— Non.

— La police, ils viennent pour moi...

— Cache-toi dans le cagibi, je vais essayer de les empêcher d'entrer. Si je n'y arrive pas, tu passeras par la fenêtre.

Joseph se pelotonne au fond du réduit. Si jamais ils s'en prennent à Thérèse, il bondira et essayera de les tuer au couteau. Il n'a rien d'autre, mais il ne laissera pas sa mère se faire prendre. Il se prépare...

Thérèse ouvre la porte. Elle s'attendait à la police française ou à la Gestapo. Elle espérait un voisin, venu lui emprunter un verre de farine ou un jaune d'œuf. Bref, à tout sauf à un civil allemand d'au moins deux mètres, accompagné de deux enfants en cape et souliers ferrés.

— Gabriel est ici ?

— Il n'y a personne à part moi.

Elle tient la porte entrouverte, prête à la claquer. L'homme essaye de voir par-dessus son épaule. Thérèse n'a pas l'impression que ses intentions soient mauvaises. Cet homme est perdu, terrifié, et beaucoup plus enfant que les enfants qui lui tiennent la main.

L'un d'eux, de façon totalement imprévisible, bouscule Thérèse et entre dans l'appartement.

— Gabriel ! s'exclame l'enfant joyeusement, avec un fort accent allemand. Gabriel, c'est moi !

Joseph sort du cagibi et se trouve nez à nez avec le garçon. Il a remarqué, sur la cape, les pailles de foin, la poussière, l'absence du dernier bouton de chemise, le maillot de corps en coton, les chaussettes épluchées, les ongles sales.

— Florestan !

Hans a quitté l'Allemagne avec ses deux fils. Il raconte cela à Thérèse et Joseph dans un français approximatif et d'une voix chevrotante. La véritable identité d'Anima a été démasquée. Hans a été accusé de trahison, sommé de livrer sa femme. Il a pu s'enfuir une heure avant l'arrestation, mais Anima a refusé de le suivre, elle est partie à la recherche de ses parents, eux aussi dénoncés. Elle lui a donné l'adresse de « son frère Gabriel » à Toulouse, et laissé entendre que ce n'était pas tout à fait son frère.

— Quand nous nous sommes enfuis de Coblence, vous nous avez donnés, n'est-ce pas ?

— Je vous jure que non, répond l'officier qui manifestement attendait cette question.

En Joseph, il n'y a plus trace de la jalousie d'autrefois. Ce n'est pas non plus de la pitié, et encore moins de la commisération, mais une indifférence pareille à celle d'un condamné à mort sous les fenêtres duquel aurait eu lieu un accident de voiture.

— Je ne vous en veux même pas.

— Je vous jure que je n'ai prévenu personne. Gabriel, je vous jure que…

— Je m'appelle Joseph.

— Quand elle parlait de vous, elle vous appelait Gabriel.

— Peu importe, vous devez partir d'ici avec les enfants. Ma mère est en danger.

— Je l'aime, vous savez.

— Si vous l'aimiez, vous l'auriez protégée. Si vous l'aviez aimée, elle serait là.

— Elle n'a pas voulu nous suivre.

— Vous auriez dû la forcer.

Si jamais les membres du réseau Clodomir apprennent qu'un officier nazi est arrivé clandestinement à Toulouse, ils l'abattront sans hésiter ; s'ils apprennent que Thérèse et Joseph l'ont aidé, ou même qu'ils lui ont parlé, ils les mettront aux fers, et peut-être qu'ils les tueront. Depuis l'opération Torch, les Allemands ont envahi la totalité de la France : la zone libre est devenue la zone sud, entièrement sous contrôle, la tension est maximale, Latour ne laisse plus rien passer : il sème la mort partout où il juge que, d'une façon ou d'une autre, elle aurait fini par pousser. Vadim voue quant à lui une haine farouche à Hans, convaincu que l'officier a prévenu ses supérieurs aussitôt que Joseph et lui ont quitté sa maison ; il n'hésitera pas à l'étriper, enfants ou pas, Anima ou non. De surcroît, il n'est pas exclu que Hans soit en réalité un agent infiltré : on l'aura envoyé avec ses enfants dans le dessein d'éveiller la pitié, peut-être avec la complicité d'Anima qui aura racheté ainsi la vie de ses parents. Autre hypothèse : Hans a livré Anima pour sauver sa propre peau et celle de leurs enfants, tout en promettant au général von Goetz de retrouver coûte que coûte l'assassin de son neveu. Dans les deux cas, c'est un piège.

D'ailleurs, pourquoi apparaît-il la veille d'une mission décisive ? Reste à noter que les Allemands auraient pu capturer Thérèse et se planquer sur l'île de Tounis pour prendre Joseph, sans besoin d'un agent.

— Allez-vous-en, dit Joseph. Nous ne pouvons rien faire.

— Je les protégerai, déclare soudain Thérèse.

— Maman…

— Je protégerai cet homme. Je le ferai pour les enfants.

À ce moment, Florestan et Eusébius traversent le couloir. Eusébius a les bras devant lui. Deux éclairs blancs tranchent son visage.

— Nous ne pouvons pas courir le risque, murmure Joseph. Il a fait exprès de venir avec les enfants, il savait que nous n'accepterions pas. Si ça se trouve, il a livré Anima…

Joseph aurait dû convaincre Anima de partir avec Vadim et lui quand ils ont quitté Coblence, ou bien la prendre sur son dos, la forcer, au lieu de quoi il a fui comme un lâche, l'abandonnant auprès d'un homme incapable de la protéger. Il regarde Hans droit dans les yeux. Il le hait.

— Tu n'auras qu'à rentrer vivant si tu veux me sortir de là, dit Thérèse.

— Maman, je ne veux pas que tu prennes de tels risques pour elle.

— Dans ce cas, n'aie aucune crainte. Des risques, je n'en ai jamais pris que pour toi.

Il est cinq heures du matin lorsque Vadim et Joseph atteignent le village de pêche de Feugarolles. Hier, ils sont partis de Salses à travers des plateaux d'herbes jaunes et des grattoirs rocheux. Ils ont préparé le matériel à l'abri d'une capitelle de berger et somnolé quelques heures. Des bandeaux de brume traînent maintenant sur le massif du Canigou. Les ronds de sorcière émettent des radiations. Au loin, on entend le hurlement d'une louve. Le ciel est une succession de coupoles plus ou moins bleues ou grises. C'est le mois de mai, celui des roses, celui du thym, celui des billes d'agate et des chevreuils fous d'amour. Au-delà des cabanes de Feugarolles, on devine la mer lisse.

Sur leurs dos, deux grands sacs : dans celui de Vadim, le détonateur ; dans celui de Joseph, treize kilos de plastic et vingt-cinq mètres de mèche étanche. Ils trouveront le reste dans une barque à fond plat.

— Une barque de rien du tout, a dit Michel Denax, mouillée au nord du village.

— A-t-elle un nom, cette barque ?

— *Péquod.*

Ils descendent vers le village. Pommes de pin. Embruns. Rocailles. Lagons crayeux.

Les filets de pêche font aux cabanes sur pilotis des voilettes de danseuses : ils traînent dans le vent, lestés par leurs ogives de bois, et parfois une bourrasque les presse contre les palissades. Des arômes de brûlerie envahissent le village. Joseph sent sur sa langue la sueur amère du café. Les pêcheurs prendront la mer d'ici à une heure, mais pour l'instant ils sont chez eux, dans le refuge de leurs draps, dans la peau de leurs femmes, dans les langes des enfants, dans le pain, le poêle à bois, les pavés de chèvre frais et le vin chaud à la cannelle. Sous les terrasses, des terre-neuve montent la garde devant des thons crucifiés et des bouquets de maquereaux. Joseph aperçoit des écuelles remplies de palourdes. Un pêcheur a gravé un svastika sur la porte de ses cabinets.

Vadim et Joseph dépassent la dernière cabane de Feugarolles, la plus proche de la mer, puis longent la côte vers le nord. Joseph a du mal à se concentrer sur la mission. La mer le distrait. Les pointes des rochers font à fleur d'eau comme des yeux. Les alluvions se déposent sur des crânes de granit, où des cormorans les examinent à la recherche des coquillages les plus jeunes, ceux dont la coquille est encore souple et blanche. Des mulets cueillent des insectes longicornes dans les clapotements d'écume, puis retournent parmi les orties marines et le varech à texture de viande. Alors qu'il porte sur le dos treize kilos d'explosifs, Joseph éprouve une sensation de calme qu'il n'avait plus connue depuis longtemps et qu'il n'avait peut-être jamais ressentie aussi intensément. Il hume l'air saturé de sel. Il plante ses yeux dans les courbures rousses de l'horizon. Il voit (ou croit voir), derrière une vague, l'aileron d'une bête. Il n'a plus peur. S'il faut mourir, il mourra. « Tu dois combattre Hitler » : il aura obéi à Anima.

Il montre du doigt une crique.

— Nous y sommes. La mer sera moins calme tout à l'heure.

— On l'emmerde, la mer, dit Vadim.

Ils trouvent la barque : *Péquod*. Ils marchent jusqu'à elle en tenant leurs sacs au-dessus des épaules. Des algues remontent à la surface. Les clefs sont sur le moteur, et le matériel dans une caisse de fer. Il fait beau même si une brume froide s'élève vers le ciel, attirée par un phénomène de capillarité que Joseph ne s'explique pas. Ils devront s'éloigner de la côte, d'au moins deux kilomètres, puis se laisser porter par le courant vers le sud, franchir la ligne de bouées, puis allumer le moteur pour parcourir les cinq kilomètres qui les sépareront encore du câble. Espérons qu'à cette heure les soldats allemands ne seront pas attentifs, que la brume ne se diluera pas, que le courant sera favorable, que le moteur fonctionnera, que…

Ouais, espérons.

À deux kilomètres de la côte, le courant fait le travail mieux qu'une voile, et aussi constamment qu'un moteur. Vadim vérifie la mèche. Ce sera une impulsion électrique, pas de seconde chance : placer, dérouler, s'écarter, et s'enfuir, s'enfuir vite. Sous l'eau, Joseph retiendra sa respiration au moins quatre-vingt-dix secondes. Et si le câble est invisible, couvert de coquillages ? Et s'il y a des murènes ? Les murènes attaquent-elles les hommes ? Sont-elles capables de détecter des explosifs ? Rongent-elles les mèches de mise à feu ? Qui sait de quoi ces saloperies sont capables !

Des boucles bleutées traversent la brume. La ligne séparant le ciel et la mer se brouille à mesure que le jour se lève, comme si le peintre appuyait sur une délimitation encore fraîche. Vadim et Joseph ne disent rien. Les corps-morts apparaissent. Vadim semble y déchiffrer un présage. Joseph allume le moteur. Maintenant : foncer.

Hélas, le moteur est moins rapide qu'escompté, et il a fallu tirer la corde pas moins de quatre fois pour le démarrer. La barque traîne des turbans d'écume. Le courant n'aide plus. Des boursouflures d'eau jaune surgissent devant la proue.

Deux oracles sinistres. Le premier sur la côte, vers la forteresse de Salses : dans le mur pâle, Vadim a aperçu un point scintillant. À cette distance, et dans cette brume épaisse, cela ne peut pas être autre chose qu'un dispositif de contrôle : miroir, jumelles, lunettes longue portée. Le deuxième oracle est plus inquiétant encore : au large, un point noir, minuscule, une aspérité, difficile de savoir, en tout cas cela persiste.

Le sonar fait des siennes. Il crépite. Vadim tape sur le côté : l'image revient.

— Ces cons ont acheté un sonar allemand.

Ils ne sont plus qu'à une centaine de mètres du câble lorsque le scintillement réapparaît. Joseph n'a aucun doute : c'est une longue-vue. Là-bas, le point noir a grossi. Aucun doute non plus : on les observe, on les interceptera. La mer est immense. Si belle. Si calme.

Le câble n'est plus loin. Vadim coupe le moteur. Joseph se déshabille. Il sera mieux à l'aise.

— Où est-il exactement ?

— Regarde, là…

— Je ne vois rien.

Le sonar est en panne. Vadim frappe dessus. Joseph pose ses mains, il sent les vis, les soudures, les émetteurs piézoélectriques, mais plus aucun courant : la solution a perdu ses propriétés, la batterie est inerte, gorgée de liquide stable, stabilisé, mort.

Joseph est nu sur le bord de la barque. Il a enroulé la mèche autour de ses reins.

— C'est par là, dit Vadim, faut que tu plonges.

Le point noir grossit de plus en plus.

— Plonge !

Joseph retient sa respiration et nage vers le fond, les yeux grands ouverts, avec dans sa main droite un paquet d'explosifs et dans sa main gauche une lampe étanche. Le poids l'entraîne. L'eau est claire. Le faisceau de la lampe s'imprime : cônes minéraux, concrétions calcaires garnies de coquillages, rochers lépreux, oursins, cheminées hydrothermales, crabes, nuées de sars à tête noire. Il remonte en tirant le paquet d'explosifs et la lampe.

Soixante-dix secondes sous l'eau : il a recommencé à respirer avant d'avoir atteint la surface. L'eau salée s'est engouffrée dans sa bouche.

— Qu'est-ce qu'il y a ! Qu'est-ce qui se passe !

— Ce n'est pas ici.

— Nous n'avons plus le temps.

Joseph s'accroche à la barque.

— Allume le moteur, je crois que j'ai vu quelque chose.

— Nous n'avons plus le temps.

— Avance !

Cette fois, le moteur démarre du premier coup.

— Encore.

Vadim avance.

— Stop !

De nouveau, Joseph se laisse entraîner. Le fond, ici, est dégagé. Il a été raclé à la dragueuse. Joseph aperçoit le câble. Il dispose le plastic sur environ quatre mètres, puis pousse sur ses pieds pour remonter, prendre de l'air, et il replonge, place des explosifs sur encore quatre mètres, remonte.

— Donne le reste.

— Mais…

— Donne-moi le reste, répète Joseph sans regarder le point noir devenu un bateau, ne se trouvant plus qu'à deux ou trois cents mètres.

Vadim lance à l'eau un paquet d'explosifs. Il en reste un dans la barque.

— Tout le reste.

— Mais, Joseph…

— Vite !

Vadim lance le dernier paquet. Joseph disparaît sous l'eau.

Lorsque la goélette allemande aborde la barque, Joseph n'est pas remonté depuis cent trente et une secondes. Vadim ne voit plus ni le faisceau de la lampe ni le corps de son ami. Deux soldats braquent leurs carabines. Un autre se tient en retrait sur le pont de la goélette. Le quatrième est à la barre.

— Pêcheur, dit Vadim. Je suis pêcheur !

Les Allemands ne répondent pas.

— Le courant m'a emporté.

Joseph sort de l'eau entre la barque et la goélette. Un des tireurs le met en joue. Le soldat qui est à la barre aperçoit le câble dans sa main.

— *ZIEHEN !*

Les Allemands ont tiré mais Joseph a eu le temps de déclencher le détonateur. Une colonne d'eau bouillante s'élève. Les deux embarcations se retournent. Des vagues dures frappent dans tous les sens. Joseph a senti la peau de son ventre se déboutonner. Il ne nage plus, ballotté, ses yeux se ferment et s'ouvrent, une plaie lui laboure l'estomac, il pose ses mains dessus, elles s'enfoncent, il vomit. Les choses disparaissent les unes dans les autres. La mer est à la fois ciel et terre, feu et neige. Son corps s'enfuit par la plaie de son abdomen. Il devient la mer, le ciel, les rochers coupants, l'écume, les algues, la laitance des poissons, les oiseaux, leurs fientes, la vapeur, le câble, le plastic, le sang, tout cela à la fois, et tout cela disparaît, tout cela s'évade par son nombril. L'air pénètre dans ses poumons sans qu'il ait l'impression d'avoir atteint la surface, mais c'est surtout du sang, du sel, du feu. Un corps inerte le heurte. Il meurt, il va mourir, il n'est pas mort. Oh les méduses lentes, oh les reflets arc-en-ciel ! Les murènes dévoreuses d'entrailles ! Et le silence, Seigneur ! Le silence éblouissant des choses !

Une main, une voix… Un soldat allemand noyé, le goût du sang… Vadim… La lumière… Le sel… Vadim tire Joseph à travers les vagues…

Et le silence ! Le silence éblouissant des choses !

Ici commence pour Joseph la traversée. La mort est de l'autre côté d'un mur, derrière une éclaboussure ; elle est aussi dans le ressort d'une horloge à laquelle Joseph trouve une forme de bouteille, et peut-être aussi dans un mitigeur de laiton, pas loin en tout cas, mais pas tout à fait là.

Joseph n'a rien perdu de son acuité. Cependant, si ses sens sont toujours aussi affûtés, les bruits, eux, les odeurs, les textures, les goûts et les images ont changé de nature depuis qu'ils ont été poussés vers la mort. Vadim l'a tiré du Mur Obscur. Ninon essaye tant bien que mal de le ramener à la vie dans une petite ferme de Verfeil. Elle brûle les lèvres de ses plaies au thermocautère. Elle le bourre d'antibiotiques, change ses draps, le force à avaler de l'alcool de menthe et de l'huile de foie de morue, lui torche les fesses, et le menotte au lit pour l'empêcher de se gratter, car sinon les coutures céderaient, le sang coulerait de nouveau, l'infection reprendrait et Ninon devrait rappeler le médecin du réseau Clodomir comme les six fois précédentes, lequel prendrait des risques inouïs afin de soigner Joseph au plus vite.

Joseph s'étonne de ressentir une espèce de plaisir consubstantiel à la douleur. L'effet le plus tangible et le plus mystérieux de ce plaisir est l'érection perpétuelle de son sexe. Même quand il dort, il bande. Il a tout essayé : la vie refuse de lui enlever son sceptre. Chaque fois que Ninon entre dans la chambre, le regard de Joseph, son regard de chien mourant, se précipite sur sa chair rose, l'infléchissement du cou… Quand elle approche du lit, ses doigts la cherchent, elle soupire, il la dégoûte, elle pleure, elle le méprise, et ce mépris fait du bien à Joseph : c'est un baume – ce mépris s'ajoute à sa douleur, renouvelant la dose de son plaisir. Il essaye parfois de regarder autre chose que les seins et les cuisses de Ninon, il se tourne, désespéré, vers le crucifix cloué au-dessus de la porte de la chambre : le corps du Christ, ses côtes triangulaires, mais cette image lui cause un trouble profond. Il a dans la bouche le goût des hosties mangées autrefois par poignées. Son sexe, c'est le clocher de la Dalbade revenu d'entre les morts. Joseph vomit pour la quatrième fois de la journée, et de nouveau il cherche Ninon avec ses doigts, la partition de ses veines, les poils noirs de son cul – et de nouveau elle retire sa main, soupire, pleure, elle le méprise, elle nettoie.

Un matin, un renard vient se poser sur le rebord de la fenêtre, et son odeur semble à Joseph ce qu'il a senti de plus érotique dans sa vie. Une odeur amère, lourde, vénéneuse, de crotte, d'herbe, de lichen, d'œuf, de champignon. Dans sa fièvre, il imagine que cette fragrance et ce pelage roux sont le pubis de Ninon. Le renard n'a pas peur. Soudain, Ninon entre dans la chambre et chasse la bête.

— Laisse-le me manger.

— Ne dis pas de conneries.

Joseph voit sa chair blanche, striée… La fièvre le fait délirer.

— Frappe-moi. Chasse-moi comme tu as chassé ce renard. Frappe, petite pute !

Il pleure, il demande pardon, mais c'est plus fort que lui.

— Pourquoi tu fais ça, hein, pourquoi tu fais ça, sale renarde… Tu es une sainte, tu es pire que les saintes. Où est ma mère ? Tu devrais me vendre aux Allemands…

Dans ses hallucinations, il la confond avec Anima, mais une Anima faible, sans Schumann ; puis Ninon réapparaît derrière le masque. Au loin, Joseph croit entendre les cris d'un cochon que le fermier égorge : Lamour dévoré par un chien noir, ou par le renard… Non, ce n'est pas un cochon, c'est un cri de femme ! Joseph bande encore plus ! C'est l'extase, le plaisir suprême, il meurt, non : il vomit. Cinquième fois de la journée. Il se gratte. Tant pis pour le médecin. La douleur est atroce, mais elle s'accorde à son plaisir, à la fourrure rousse, à son odeur lourde, aux cris. Un renard couleur de flamme fouille les entrailles d'un cochon : il lui a taillé une plaie sur le ventre avant de pénétrer à l'intérieur, dans la cage thoracique de la bête encore vivante. L'image s'enfonce dans les draps, elle s'enfonce dans la robe de Ninon, où le sang coule. Joseph s'endort, se réveille, il nage dans la sueur, le sang, le vomi, la merde. Il appelle Anima. Ninon change les draps. Sur sa croix, le Christ reproche à son père de l'avoir abandonné.

La Cardinale est seule à la Chapelle. Les filles sont parties depuis une heure. Le Hollandais traîne quelque part, à une table de sept et demi, ou bien au marché-gare avec ses copains, sinon dans un de ces bistros dont le patron consent à verser un doigt d'armagnac dans le café d'un type comme lui (« Pour la conscience », qu'il dit). Tout est calme, nettoyé, moelleux. Dans ces moments, la Cardinale se prend pour une de ces riches propriétaires avec fume-cigarette, une actrice de théâtre, maîtresse d'un capitaine d'industrie, chez qui les poètes, les peintres érotomanes et les musiciens se pressent aussitôt l'amant sorti. Elle tire les rideaux de soie et miaule en grignotant des écorces au chocolat. En elle, une petite fille joue à la princesse.

La sonnette retentit. Un client à cette heure ? Impossible. Le Hollandais a les clefs. Quant aux ombres du réseau Clodomir, elles viennent la nuit, par l'arrière-cuisine, déposent leurs paquets de feu derrière un volet, entre une botte de carottes et un bouquet de céleri. La maquerelle ne sera pas restée seule longtemps.

Ils sont quinze : quinze nazis rien que pour elle. Et avec eux, trois agents français. Les passants observent la scène de loin. Mme Grandin est là, comme par hasard.

Elle murmure dans l'oreille d'un homme chauve qui porte un filet de courses. Un nazi avance, gradé, le cheveu terne et le nez comme les sorciers dans Goya.

— Madame Casadaval ?

La Cardinale tire sur son fume-cigarette. Ici, c'est chez elle, son temple, avec ses filles, ses grappes de raisin dorées à la feuille, ses rideaux de soie, ses fleurs…

— On ne m'appelle jamais comme ça.

— J'ai ordre de vous arrêter. Toute la maison sera fouillée.

L'absence d'accent laisse penser qu'il s'agit d'un de ces Allemands cultivés : Européens sans Méditerranée, ils ont appris le français en lisant Racine, Pascal et Malherbe. Jamais une faute d'accord, des phrases bréhaignes, conjonctionnées au fil à couper le beurre, rien qui dépasse.

— Sachez qu'on ne dit pas « maison » mais « chapelle », car ce qui se passe ici est religieux, croyez-moi. De quoi suis-je accusée ?

— Intelligence avec l'ennemi.

— Gloire à Dieu si un homme, enfin, me prête quelque intelligence !

Le gradé fait signe à ses sbires d'entrer. Trois soldats restent près de la Cardinale au cas où elle essayerait de s'enfuir ou de dévisser une dent creuse. Il faut absolument qu'elle parle avant de mourir. Les ordres sont clairs…

— Si vous nous dites où sont les documents que nous cherchons, ce sera moins désagréable pour tout le monde.

— Vous me relâcherez ?

Le gradé ne répond pas. Il agit sans plaisir, mais sans remords. Il obéit, il calcule.

— Je n'ai pas besoin de votre clémence, ajoute la Cardinale. Avant d'atteindre le QG de la Gestapo, l'ange de l'amour sera venu me sauver. Il m'aura emportée sous vos yeux sidérés, ce sera un beau spectacle, croyez-moi, du genre de ceux qu'on voyait à Paris avant la guerre. En rentrant, vous aurez quelque chose d'inhabituel à raconter.

Sur le pas de la porte, les trois agents français attendent les ordres.

— Vous avez honte, ricane la Cardinale.

Deux nazis la tiennent en joue. Ils ont des armes, pourtant la peur est de leur côté. Des femmes comme ça, il n'y en a pas en Allemagne.

— Ça va durer longtemps ? J'ai rendez-vous…

— Le temps qu'il faudra. Si vous voulez accélérer les choses, dites-nous où vous cachez les documents du réseau Clodomir.

Elle le dévisage.

— Elle est ivre, dit l'un des agents français.

Elle n'a pas bu une goutte.

— Je vais faire mieux, suggère-t-elle. Je vais carrément vous livrer le secret de la Résistance.

— Ne me prenez pas pour un idiot, dit le gradé en regardant avec dédain les trois Français.

— J'ai déjà été torturée, vous savez.

— Je sais.

Elle écrase sa cigarette et dit en levant les yeux vers le ciel, comme si elle assistait à un dîner mondain :

— Ah, fallait-il que j'écrevisse !

Étonné de n'avoir pas compris, le nazi se demande s'il a bien entendu.

— Qu'est-ce que c'est ?

— Un crustacé du subjonctif.

— Que dites-vous ?

— Deux oignons au bord de la route. Le premier traverse. Le deuxième : « Oh, nion ! »

Le gradé fulmine. Les autres observent. Essaye-t-elle d'alerter quelqu'un ?

— Nous partons.

— Je parle.

— Vous parlerez.

— Il serait dommage qu'à trop manger de gâteau vous en pâtissiez.

— Nous verrons si vous faites encore de l'esprit lorsque vous aurez dix litres d'eau dans l'estomac.

Ils la forcent à entrer dans une automobile. Sur la route, elle continue à plaisanter.

— Taisez-vous ! s'écrie le gradé, ou je vous fais bâillonner.

— Le chah et le pacha, le steak et la pastèque.

— Bâillonnez-la !

Ils essayent avec un brassard.

— Connaissez-vous l'histoire de l'avare, du saint et du pain de seigle ? Connaissez-vous celle du croque-mort, de l'ours et du meunier ?

Elle leur crache au visage.

— L'amour m'emportera. Vous n'avez aucune chance !

Elle se calme.

— Un petit facteur est un imposteur.

Elle change de voix.

— Dans une rivière, un crayon à papier…

Ils lui tiennent les bras. Elle en a embrassé un dans le cou.

— C'est l'histoire d'un Allemand et d'un Italien. « Nous avons Mozart », dit l'Allemand. « Mozzarella ! » rétorque l'Italien.

Malgré sa culture classique, sa mèche blonde et son arme de poing, le gradé finit par entrer dans un état de colère proche de l'hystérie. Les pointes de ses oreilles sont rouges et brûlantes.

— Nous avons Rabelais, Molière et La Fontaine, les Anglais ont Shakespeare, les Italiens, Goldoni. Dieu voulait nous faire rire. Et vous, qu'avez-vous fait ?

— Vous serez fusillée.

Le quartier général de la Gestapo se trouve sur l'allée qui borde le Jardin des plantes, près du boulodrome, derrière une haie de buis.

— Et maintenant, olé !

À peine sont-ils sortis de l'automobile qu'un homme accourt : le Hollandais… Il amorce une bombe de dix kilos et se jette aux pieds de la Cardinale.

BOUM !

Le gradé a les deux bras arrachés, les yeux crevés, une jambe pulvérisée. Deux des trois autres meurent sur le coup. Le troisième a les fesses déchiquetées.

Quand ils raconteront cette histoire, cent ans après, les Toulousains prétendront que, de la Cardinale et du Hollandais, rien n'a été retrouvé.

Pour Joseph, les choses se sont fédérées autour du bouillon. Le monde avait perdu sa signification : le bouillon lui en a rendu une. Ce ne fut pas Ninon directement, ce ne fut même pas l'idée de vivre, mais le bouillon : ce fut le bouillon. Il en boit tous les jours depuis six mois. Ce sont des carottes. Ce sont des os à moelle. Ce sont des pelures de navet. Du thym. Du poivre. Du laurier. C'est du lard, c'est de l'ache et du sel de Guérande. Tous les jours, Ninon fait mijoter ce qu'elle trouve. Elle ajoute des branches de myrte, et parfois des choses inattendues : galets de rivière, bulbes d'iris, œufs de carpe, lait de figue. Le bouillon est servi à midi, ainsi que le soir, si Joseph en veut, et le matin, et la nuit. Cela liquéfie le sang. Cela réchauffe la rate. Le bouillon, c'est un ange. L'ange-bouillon.

De Thérèse, peu de nouvelles. Depuis la mort de la Cardinale, elle n'a pas repris contact avec le réseau. Personne ne sait qu'elle cache Hans et les enfants, pas même Ninon. Elle continue à faire au moins une fois par semaine un esclandre au commissariat.

Joseph a reçu une lettre de sa part :

J'arrose les fleurs. La plus grande essaye de s'ouvrir. Les crocus sont resplendissants.

Vadim est parti pour Bordeaux à la demande de Latour, puis a rejoint de Gaulle à Londres. Le matin de son départ, Joseph ne pouvait pas se lever de son lit. Il le voyait par en dessous comme lorsqu'il était dans l'eau, le ventre ouvert, et que Vadim essayait de le tirer sur la coque de la barque chavirée.

— Mon vieux, t'as l'air con, mais t'es pas mort. Il n'est pas trop tard pour apprendre par cœur *La Divine Comédie*.

Vadim et Joseph étaient désormais attachés l'un à l'autre par cette espèce de lien à la fois inexorable et étrange, presque gênant, qui unit les êtres après qu'ils se sont sauvé la vie mutuellement.

— Adieu, mon ami. Je pars pour Londres. Je reviendrai en France pour tuer Hitler.

On raconte des choses à propos des juifs enlevés par les Allemands et emportés derrière le brouillard, à l'est. Des choses terribles. Dans ses rêves, Joseph entend Anima appeler à l'aide. Anima, la petite fée méchante, endolorie... Elle l'appelle, mais elle ricane. Elle ricanera toujours.

À la demande de Latour, Joseph a repris du service. Il confectionne des bombes, mais ne les pose plus. Il boite. Il pèse à peine soixante kilos. Comment pourrait-il ? Il n'est même pas en mesure d'effectuer les repérages. On lui transmet du matériel et des photos prises sur site. Michel Denax le briefe. Joseph met dans son travail d'artificier moins de science qu'autrefois : beaucoup de poudre, des mèches courtes, des clous rouillés, des billes de plomb, des lames cassées, un maximum de plastic. Ce sont des bombes pour détruire et tuer.

Joseph a demandé à Ninon de se procurer un gramophone et un disque de Schumann. Mais tout cela, ce sont des rêves. La *Fantaisie* sonne faux. Anima est partie. Elle a épousé un wagnérien. Elle a disparu derrière les remparts du château des Princes-Électeurs, au fond d'une forêt de sapins noirs. Joseph boit des litres de bouillon.

Le trente-trois tours est rayé.

Sans Anima, la vie n'a aucun sens. Elle est Le Seul But Possible. Tout ce que Joseph a fait, toute sa vie, c'était pour elle… Qui peut comprendre ça ? Même lui en est incapable. Il l'aime. Il l'aimera toujours.

Dans le jardin, Joseph pose ses mains sur les murs de la fermette et reste dans cette position pendant des heures, debout. Il prie pour Anima. Il ne peut plus rien d'autre. Ninon se demande s'il dort. Elle lui caresse le dos. « Rentre, tu vas prendre froid. » Elle le hait. « Rentre, Joseph… » Elle le secoue. Que fait-il, les mains posées sur le mur ? Que cherche-t-il en griffant la chaux jusqu'aux briques ? Ses avant-bras, sa barbe et ses paupières se couvrent de poussière rouge.

Prendre soin de lui, c'est une manière pour Ninon de participer à la Résistance. Elle saupoudre ses plaies de nitrate d'argent, décidée à ne pas céder un pouce de terrain à cette force secrète contre laquelle elle a l'impression de lutter, comme tout le monde.

Un jour de 1944, ce que Ninon espérait depuis des mois arrive enfin ; à ses yeux, la seule solution possible, celle qui soignera Joseph à coup sûr, tête et corps, et réglera du même coup les problèmes de la France et du monde. Elle court jusqu'à la fermette, elle voudrait hurler, se mettre à poil, elle se précipite à l'étage. « Les Alliés ! » Elle tend à Joseph le journal clandestin qu'elle vient de se procurer auprès d'un braconnier de Saint-Marcel. Elle croit qu'il va se lever de sa chaise et la prendre dans ses bras, la faire tourner, lui faire l'amour debout comme font les grands oiseaux, sourire, rire, être drôle, au lieu de quoi il se contente d'ouvrir le journal et de le lire ainsi que le ferait un gros herbivore.

Ninon ne peut imaginer ce qui se passe à cet instant dans le cerveau de son protégé. Le papier du journal est fin, moins de trente grammes. Chaque page est passée par un duplicateur à alcool. En guise de support encreur, le papier a été préféré à la gélatine, sans doute pour des raisons d'approvisionnement. L'encre aniline a bavé sur les bords du stencil hectographique, à cause de l'usure du tambour rotatif chargé de presser la matrice contre la feuille de tirage. Plutôt que du propylène, impossible à se procurer depuis le début de la guerre, les imprimeurs ont utilisé de l'alcool méthylique à quatre-vingt-dix-neuf pour cent, dont l'odeur pique les yeux et provoque des céphalées. La police d'écriture est la préférée des anars : Garamond à empattements triangulaires, aux hampes longues, aux déliés tassés. Les phrases sont courtes. C'est joyeux, désordonné, maladroit, trop serré pour être honnête. Puis il y a ces points d'exclamation qui ressemblent à des *i* à l'envers, et font comme des gouttes de pluie. Des métaphores par trop naïves donnent au texte une tournure scolaire. Partout, il est question des Alliés : leurs drapeaux, leur courage, leurs armes, leurs navires, leurs avions. Joseph ne se fait aucune illusion : son père ne reviendra pas et Anima ne l'aimera jamais – cela, les Américains n'y peuvent rien. Des ennemis, il y en a partout, il y en aura toujours, de même qu'il y aura toujours un envahisseur pour en chasser un autre.

Après avoir replié le journal, il annonce à Ninon qu'il ne fabriquera plus de bombes. Il ne répondra plus aux sollicitations du réseau Clodomir puisque ceux qui résistent à l'invasion le font pour envahir à leur tour. Joseph boira du bouillon. Ninon l'écoute, mais ne lui répond pas. Pour la première fois, elle a envie de le tuer.

La guerre se termine peu à peu. À Verfeil, cela ne change rien, à part la visite dominicale de Thérèse. Elle vient maintenant tous les dimanches, accompagnée de Florestan, Eusébius et Hans. Il faut être discret, éviter autant que possible de parler allemand, même s'il n'y a plus de danger véritable. Les enfants jouent dans le jardin avec leurs épées de bois. Hans aide à la cuisine. Il est sans nouvelles d'Anima. Il a envoyé des lettres partout où c'était possible. Il s'inquiète de plus en plus, mais essaye de rester digne devant ses fils et devant Thérèse, avec qui il a noué une complicité tout à fait inattendue, dont les tenants échappent à Joseph. Le dimanche soir, Thérèse, Hans et les enfants rentrent à Toulouse où pour le moment Ninon et Joseph ont décidé de ne pas se rendre, craignant les représailles d'anciens miliciens. « Tout cela passera, a dit Michel au téléphone, mais c'est mieux de rester prudent encore quelques mois. »

En parlant de Michel Denax, le voilà justement qui frappe à la porte de la fermette, habillé à l'anglaise : veste en tweed couleur prune, velours côtelé, pochette. Avec plusieurs membres du réseau Clodomir, il a fondé un journal pour « continuer le combat », et effectivement il ressemble à un intellectuel, bien décidé à lutter contre « l'hospitalisation du monde ».

— Comment va le père André ? demande Joseph.

— Il a refusé les décorations et n'a pas voulu rencontrer de Gaulle. L'évêque l'a affecté dans une paroisse de campagne entre Carcassonne et Narbonne. Quand je lui ai demandé pourquoi il allait s'enterrer là-bas, il m'a répondu que c'était « pour préparer la prochaine ». Tu vois, il ne change pas. Je lui ai proposé d'écrire dans notre revue, mais il m'a envoyé paître : « Quand on commence à écrire au lieu de parler, on a déjà un peu collaboré. »

— Et Vadim ?

— Il est tombé amoureux d'une Anglaise. Il est retourné à Londres après la libération de Paris, sans doute pour lui faire des enfants, en tout cas l'épouser.

Joseph sourit vaguement.

— Vadim, marié...

Michel n'a pas encore tout dit.

— Je ne suis pas venu cette fois te demander une bombe, mais plutôt t'en apporter une.

Il adresse un regard gêné à Ninon.

— Nous n'avons aucun secret l'un pour l'autre, dit Joseph.

Aucune phrase ne pouvait faire plus plaisir à Ninon. Pourtant, elle a un mauvais pressentiment.

— Parle pour toi ! s'exclame-t-elle. Bien sûr que j'ai des secrets, et si tu veux tout savoir, eh bien, les tiens ne m'intéressent pas.

Elle s'en va dans le potager.

Joseph la regarde par la fenêtre. Il pense à Vadim marié avec une Anglaise, et au père André sermonnant des chasseurs de sangliers ; puis il observe Michel Denax dans sa veste de tweed, avec sa moustache fine de résistant, et tout cela le fait sourire.

Mais soudain Michel dégoupille sa bombe, et alors Joseph cesse de sourire, il ne regarde plus Ninon et ne pense plus à Vadim ou au père André.

— Anima est vivante. Elle est rentrée d'Allemagne avec sa mère. Elles sont à Paris, dans un hôtel, avec les autres...

— Quels autres ?

— Les juifs...

Joseph se précipite vers l'armoire où sont sa casquette et son manteau. Dans sa tête, le chevalier à la rose s'est réveillé : « Tu l'aimes. Tu devais la protéger... »

— Avant de partir, il faut que tu saches...

— Quoi ?

— En Allemagne, il s'est passé des choses.

— Quelles choses ?

— Des choses du diable.

Voilà Paris. Voilà des cohortes d'imperméables autour de la gare. Voilà, par terre, les drapeaux déchirés. Sur le boulevard Raspail, des piétons se dépêchent. Les automobiles trépignent. Un homme attend sous un lampadaire. Joseph remarque qu'il n'y a ni pigeons ni moineaux : les squares, les corniches, les terrasses et le ciel ont été désertés par les oiseaux. Il enfonce ses doigts dans les impacts encore frais sur la pierre de Saint-Maximin, et en ressort une poudre à peine chaude, acidulée, qui ressemble à du talc. Au croisement de la rue de Rennes, un agent de police tient un double-poney par le mors, et dans son autre main une matraque. Les enfants ne sourient pas. Même l'odeur du pain est vaseuse.

Joseph aperçoit au loin le *Lutetia*, mais quelque chose l'empêche de faire le point : la façade du grand hôtel est floue. On pourrait presque croire que le baron Haussmann l'a frottée à la gomme. Le reste du boulevard, malgré la grisaille, n'a rien de diffus. Maintenant qu'il s'est approché et qu'il plisse les yeux, Joseph constate que la façade bouge. Une rumeur d'essaim envahit bientôt le fond de l'air.

Des corps humains sont suspendus aux rotondes, aux ardoises, aux guirlandes, aux anges potelés, aux corbeilles de fleurs. Des corps noués les uns aux autres, qui grelottent. Ce qui tout à l'heure n'était qu'une vague rumeur, de près est un concert de sanglots.

Au pied de l'hôtel, Joseph se mêle à une foule dense, traversée par des scouts aux joues roses, avec foulards bicolores, insignes, badges.

Il est là pour trouver Anima. Il veut la sauver. Elle est quelque part, elle l'appelle, elle n'est pas morte. Elle a besoin de lui. Seigneur, elle a besoin de lui…

On crie des noms. On tire sur des ficelles. On veut entrer, mais les barrières devant le *Lutetia* empêchent de passer. Certains scouts plus grands que les autres mènent des interrogatoires. Il y a des panneaux : des listes. Est-ce que ce sont des rescapés ? des morts ? Joseph ne comprend pas. Le nom Halbron apparaît ici et là, mais aucune Anima, de Clara pas davantage, ni d'Igor, ni de Sofia. Il interroge un scout, qui lui demande s'il est de la famille. Oui, enfin… Oui, il est de la famille… « Pouvez-vous le prouver ? » *C'est mon âme ! C'est ma vie !* Le scout refuse de le laisser passer. La foule est de plus en plus dense et électrique.

Une famille pleure devant une liste de noms. Ils sont au moins dix, une très vieille dame, deux hommes, une femme de quarante ans et des enfants. Un scout observe la liasse de leurs papiers d'identité. Il y en a trop, il ne vérifie pas. Joseph se mêle à eux. Le scout leur montre la porte-tambour.

À l'intérieur du *Lutetia*, tout est calme. À gauche du hall, un conditionneur diffuse un air artificiel. À droite, une pompe à tétrachlorure ronronne. Il n'y a pas moins de monde qu'à l'extérieur, mais ce sont des fantômes, des fantômes aux yeux écarquillés, amarrés les uns aux autres. Joseph les dévisage. Elle est là... Elle doit être là, parmi eux... À plusieurs reprises, il s'arrête, s'approche, se penche, sonde, mais il n'y a rien au fond de ces regards. Pourrait-il voir Anima sans la reconnaître ? Impossible... L'amour parle... Elle est là... Ils sont des centaines, assis, allongés, immobiles, suintant, geignant. La plupart portent autour du cou un sac étanche. Une odeur de feu de bois plane. Les appliques ont été peintes en bleu et rouge. Sur la balustrade, Joseph aperçoit un visage ébouillanté. Des dizaines de déportés guettent l'être aimé. Autre chose que de la saleté a assombri leurs visages. Joseph voit un liftier caresser les cheveux d'une dame morte. Il entend une femme raconter à un scout qu'elle est restée trois jours sous les ruines d'un baraquement en Pologne, par moins vingt, et que seule sa main droite était visible dans les décombres, et des chats l'ont dévorée – puis la femme montre son moignon au patrouillard. Joseph essaye de comprendre ce qu'il s'est passé. Il lui semble que les organes vitaux de tous ces gens ont sécrété des substances inconnues des médecins, et peut-être inconnues de Dieu lui-même, comme si, confrontés à d'innommables douleurs, leurs corps avaient spontanément mis au point une forme de vie alternative, située sur un autre plan que le plan cosmique universel.

Aussitôt qu'ils arrivent à l'hôtel, les déportés doivent se rendre dans la salle de billard, où des infirmiers les badigeonnent d'un mélange de benzoate et de benzyle ; puis on les pèse, on les vaccine contre la variole, on leur enlève les sanies au couteau à champignon, après quoi on les asperge de DDT, une poudre américaine utilisée contre le typhus, dont l'action se fera sentir au moins quatorze jours. Les infirmiers portent des gants de caoutchouc trempés dans une solution de cyanure de mercure. Tout cela au milieu des vitraux d'or gris, des lustres de Lalique, des stucs, des peintures *a fresco*, des parquets de chêne en points de Hongrie, des couverts Christofle, des décanteurs Baccarat, de la porcelaine Haviland et des salamandres Chaboche.

Sous la pergola du salon de correspondance, un garçon fredonne l'*Internationale*. Joseph atterrit ensuite dans une chambre froide remplie de demi-bœufs, de quarterons de veaux et de moutons au crochet. Au troisième sous-sol, les déportés ont déniché des bouteilles. Ils ne les ont pas débouchées et ne le feront sans doute pas, chacune de ces bouteilles constituant moins à leurs yeux la promesse d'un moment de plaisir qu'une preuve que le *Lutetia*, à défaut d'être le paradis, n'est pas tout à fait l'enfer (l'enfer, ils l'ont connu : il n'y avait pas de margaux 1929).

Joseph revient au panneau du hall, il lit les noms, passe et repasse. Des milliers de noms ! Pour tous ces survivants, combien sont morts ? Il téléphone à Michel Denax depuis la réception. Il pleure. Elle est là… Il la trouvera… Il faut qu'elle y soit… Il la sauvera… Il l'aime… Il le lui dira, cette fois… Il l'a toujours aimée… Elle n'est pas morte… Elle ne mourra pas… Il l'a tant aimée… Un chef scout explique qu'il y a eu des échanges d'identité, elle est peut-être là mais peut-être pas… Il faut qu'elle y soit… Elle ne mourra pas… Joseph y retourne : salon chinois, salon aux oiseaux, terrasse, sous-sol, balcons. Il cherche la sorcière juive, Schumann, son ombre noire… L'ombre noire de sa vie… Mais ce n'est pas elle. Ce n'est jamais elle.

Elle est là, quelque part… Elle l'évite… Elle ne veut pas le voir… Elle n'est pas morte… Elle ne mourra pas… Joseph court, il se retourne… Parfois il crie son nom : « Anima ! Anima ! »

Les déportés bougent à peine. Beaucoup de femmes. Certaines brandissent des numéros.

Finalement, un scout saisit Joseph par le bras.

— Il faut partir, monsieur. Il faut vous reposer.

En franchissant la porte-tambour, Joseph sent une présence, presque une respiration… C'est elle… Il se retourne. Personne… Il y avait quelqu'un pourtant… Il y avait quelque chose… Joseph n'a pas dormi depuis deux jours. Il y avait quelqu'un, c'est sûr… Si seulement il ne s'était pas retourné !

Joseph erre dans Paris plusieurs jours. Il ne dort pas. Il paraît que la ville a failli être incendiée. De nombreux hommes portent d'étranges blousons en fibres de platane, qui rétrécissent sous la pluie. À Pigalle, les soldats du débarquement enfilent des fourreaux de plastique. Certains se déguisent en filles pour chanter la *Marseillaise*. C'est la France. Désormais, c'est ça, la Liberté.

Joseph tourne dans Paris et Paris avec lui, et l'univers, autour du soleil noir du *Lutetia*. Quand il se présente à l'entrée, on le reconnaît. Le pauvre garçon… On le laisse entrer dans le hall avec les autres. Ils sont nombreux à venir chaque matin poser toujours la même question : « L'avez-vous croisé ? » Certains déportés font exprès de répondre « Oui » et d'ajouter « Il est mort », alors qu'ils n'en savent rien. D'autres arrachent la photo des mains de leur interlocuteur et la dédicacent : « Humour juif », ricanent-ils.

À la tombée de la nuit, les « chercheurs » sont priés de quitter les lieux. Joseph marmonne toujours les mêmes trois phrases : « Elle est là… Elle n'est pas morte… Elle ne mourra pas… » Une voiture de police attend les imposteurs démasqués. Des dizaines de faux déportés ont été arrêtés, avec de faux tatouages, certains se sont tailladé le prépuce.

Une femme est là tous les jours : Mme Poinsot-Delahaye. Elle ne cherche personne, mais elle a habité l'hôtel avant la guerre, et si elle pouvait, elle y habiterait encore. Le *Lutetia* est une extension de son cerveau et de son corps, a-t-elle expliqué à Joseph, « et cette extension, après avoir été envahie par la Gestapo, l'est maintenant par des fantômes ».

Joseph se rend parfois dans les hôpitaux Bichat et Manin, où sont conduits les déportés estropiés, et à la Salpêtrière où sont soignés les malades du typhus. Aucune trace d'Anima là-bas non plus, seulement des grappes de fantômes plus clairsemées et plus suintantes qu'au *Lutetia*. « Elle est là… Elle n'est pas morte… Elle ne mourra pas… »

Combien de temps a-t-il erré entre le carrefour de l'Odéon et la chapelle Saint-Vincent-de-Paul ? Combien de nuits passées sur un banc du square Boucicaut ? Un mois peut-être, deux, dix semaines… Joseph finit par remarquer un matin qu'il n'y a plus personne devant l'hôtel à part lui. Aucune mère éplorée. Aucun frère face au panneau de carton bouilli. Il n'y a même plus de liste. Les déportés ont quitté le navire. Le vent a dispersé les traces de DDT. Là où on rencontrait à n'importe quelle heure une patrouille de scouts, se tient dorénavant un groom chargé d'ouvrir la portière des berlines d'ambassade et de porter les bagages des actrices. Le *Lutetia* est de nouveau un hôtel. Mme Poinsot-Delahaye a sans doute retrouvé sa chambre. Joseph aperçoit un chien noir dans le hall, derrière la porte-tambour. Il comprend qu'il ne retrouvera pas Anima à Paris – et qu'il ne la reverra plus jamais. Elle est partie, comme Emmanuel autrefois, emportée par la guerre. Elle l'a abandonné. La vie n'a aucun sens – d'ailleurs Thérèse le disait chaque fois qu'elle avait bu : « Tout est bien. Il n'y a rien à comprendre. »

De retour enfin dans l'appartement de la rue du Pont-de-Tounis, Joseph pousse un cri d'horreur.

— Maman ! Qu'est-ce qu'ils t'ont fait !

Thérèse porte une jupe bleue, un chemisier aux manches trop longues, des bas de laine et des chaussures de bonne. Un fin duvet couvre son crâne, élargit ses yeux, creuse ses joues. En comprenant que des salopards ont osé la tondre, Joseph a un haut-le-cœur.

— Et toi, mon pauvre garçon, répond-elle en souriant, immortelle... T'es dégueulasse.

Joseph l'embrasse.

— Tu sens mauvais, quelle horreur.

À cet instant, il a la certitude que sa mère survivra à tout. Ils peuvent la ruiner ou la tondre : elle les enterrera. Mieux, elle leur pardonnera.

— J'étais à Paris.

— Tu étais dans une flaque de merde.

Elle fait un pas sur le côté.

— J'ai cru que tu étais mort.

— Michel m'a dit qu'Anima avait survécu et qu'on l'avait rapatriée.

— Nous avons entendu des choses à peine croyables...

— Maman, c'est pire…

— Est-ce que tu l'as trouvée ?

Joseph ne répond pas.

— Allez, va te laver.

— Maman…

Thérèse ne comprend pas tout de suite ce qu'il essaye de dire.

— J'aurais dû être là. J'aurais dû rester avec toi…

Elle sourit encore.

— Va te laver, répète-t-elle, et elle a un geste qui signifie que tout est bien. Il n'y a rien à comprendre.

Eusébius et Florestan guettent Joseph dans la pénombre de son ancienne chambre. Ils sont tellement différents l'un de l'autre : Florestan blond, solide, blanc ; Eusébius brun, malingre, miellé.

Eusébius feuillette un livre de contes : la légende du chevalier à la rose.

Dans la salle de bains, Joseph sonde le miroir qui l'a vu grandir. Cela fait deux mois qu'il ne s'est pas regardé nu. Honte. Honte de n'être pas squelettique. Son corps le dégoûte plus encore que s'il se voyait en uniforme nazi. En se lavant, il découvre dans ses cheveux et sur les poils de ses avant-bras des restes de DDT et de cyanure de mercure. Et l'odeur des déportés : un mélange de bitume, de sueur, de fumée, de fer, de phosphore.

Thérèse a préparé du thé.

— C'est mieux, dit-elle en voyant son fils réapparaître dans des vêtements propres.

Elle lui sert une tasse.

— La bibliothèque de la rue Saint-Rémésy va rouvrir. Ils te rembaucheront. Je me demande toutefois quels livres on va encore être capables de lire.

— Le Livre de Job.

Elle essaye d'être légère, comme si cela pouvait faire oublier ses cheveux courts et la peau irritée de son cou.

— As-tu des nouvelles de Ninon ?

— Elle est encore à Verfeil. Les enfants l'aiment beaucoup, tu sais. Ce serait bien que tu les prennes quand tu iras la voir.

— Et Hans ?

À la Libération, les policiers n'ont pas eu de mal à se remémorer cette petite bonne femme qui venait tous les jours ou presque leur promettre de livrer son traître de fils. En lui rendant visite à l'improviste, ils n'ont donc pas été étonnés de trouver chez elle un Boche sur le biceps duquel le tatouage « *SS A+* » ne laissait planer aucun doute. Thérèse a essayé de se défendre, seulement la Cardinale était morte, le père André injoignable, et les résistants de la dernière heure impossibles à calmer. Elle a réussi *in extremis* à sauver les enfants. Hans a été conduit à la prison Saint-Michel et fusillé par huit hommes dont le plus âgé avait dix-neuf ans.

— ... puis ils l'ont pendu à un réverbère. Je n'étais pas là quand c'est arrivé.

Elle pleure.

— Mon Joseph chéri, il faudra que nous survivions encore, toi et moi. C'est ce que je me disais pendant que ces porcs me tondaient. Derrière eux, j'apercevais la croix de la cathédrale Saint-Étienne, et je repensais à cette phrase de Jésus (Jésus, mon ami juif) : « Il n'y a pas de plus grand amour que de donner sa vie pour ceux qu'on aime. » Eh bien, figure-toi qu'à cet instant j'ai un peu corrigé la phrase : il n'y a pas de plus grand amour que de survivre à ceux qu'on aime. La Vierge aurait été d'accord avec moi, ainsi que Jésus, puisqu'il est ressuscité. En fait, c'était un passage obligatoire, pas seulement pour l'esprit... Le Christ devait survivre avec ses nerfs, sa graisse, ses os, l'appareil des larmes, le paquet des viscères – et les emporter par-dessus l'existence de ses amis, s'il voulait les tirer ensuite dans l'Éternel avec lui. Une vie entière de deuil m'aura permis de comprendre cette vérité que je te donne, mon garçon, parce que c'est un trésor et que je n'aurai jamais rien de mieux à léguer : il n'y a pas de plus grand amour que de survivre à ceux que nous avons aimés.

Épilogue

Métamorphoses

« Cette *étrangeté* des choses, lumière de toute poésie – de tout art –, est vraiment liée à leur nature *autre.* »

Gilbert Keith CHESTERTON,
Saint Thomas du Créateur

Joseph a presque cent ans. Il vit seul à Verfeil. La fermette a été raccordée au gaz, passée à la chaux, repeinte. Une ligne à haute tension traverse la vallée. Par gros temps, le Girou couche les blés. Au fond du puits de Nagen, plusieurs personnes disent avoir aperçu un poisson d'espèce inconnue au ventre rouge. Le moulin du contre-bas appartient à des Parisiens qui ne viennent presque jamais et ne se soucient pas du jardin. Pourtant, c'est encore lui : un moulin de pauvre, avec sa roue à aubes transformée chaque printemps en disque d'or.

Florestan vit à Paris. Diplômé de l'École des mines, il a intégré le commissariat à l'Énergie atomique. Il revient à Noël et pour Pâques. À la Toussaint il essaye. En août il passe. Il a trois enfants et un petit-fils de quatre ans qui, paraît-il, a des dispositions pour le solfège. Il a divorcé quand le dernier entrait au cours élémentaire. Sa seconde femme a vingt ans de moins que lui. Depuis qu'il a pris sa retraite, il prétend qu'elle l'emmerde. Eusébius est antiquaire à Toulouse, rue Perchepinte. Il a deux fils, l'un professeur de mathématiques au lycée Pierre-Paul-Riquet, l'autre restaurateur à Bordeaux. Sa femme s'appelle Lucie. Il continue de lever le rideau de sa boutique quatre jours par semaine ; il a eu l'occasion de la vendre, il y a cinq ans, mais y a renoncé au dernier moment, incapable tout compte fait d'imaginer sa vie sans. Il aime l'ombre, le silence, penser à des choses indécises.

Florestan et Eusébius n'ont jamais appelé Joseph « papa ». S'ils parlent de lui, ils disent « mon père », mais, quand ils lui parlent, c'est « Jo ». Leurs enfants, en revanche, l'appellent « Bon papa ».

Chaque matin, Joseph porte des fleurs sur la tombe de Ninon, dans le cimetière de Gragnague. Il emprunte un chemin de gravier longeant le Girou, entre les villages de Bonrepos et Saint-Marcel. Il s'arrête en général sous l'unique chêne des environs. Devant lui, une haie de peupliers argentés ; à gauche, des champs ; à droite, une mare. Il s'adosse au tronc. Des crapauds improvisent en *ré* mineur. Dans le ciel, les avions font des tresses blanches. Collés à la surface de la mare, les pétales des pâquerettes esquissent un tableau pointilliste. Une balançoire qui n'a pas connu d'enfant depuis trente ans, faite d'un pneu et d'une corde de chanvre, hésite sous un peuplier. Appuyé à son chêne arthurien, Joseph se prépare au face-à-face du cimetière. Des taffetas de rosée se déposent sur les fougères. Sous la croûte de terre fleurissent des roses de calcaire. L'étrille des ajoncs freine le vent. Il semble parfois à Joseph que tout est de l'eau : les fleurs, les moustiques, les peupliers, les carpes, les crapauds, même le ciel.

Ninon est morte il y a vingt ans d'un cancer des reins. Le jour où il a détecté la présence de la tumeur, Joseph a tout de suite su qu'elle serait fatale, mais n'en a rien dit à Ninon. Après tout, la médecine avait peut-être progressé. Il recommanda de consulter un généraliste sans attendre, mais le médecin prétendit qu'elle était en parfaite santé. Joseph insista pour que Ninon en consulte un autre, ce qui la mit hors d'elle. « Tu es malade imaginaire à ma place ! » Ce médecin-là prescrivit des analyses de sang et d'urine, ainsi qu'une échographie, tout en précisant : « Je suis presque sûr que vous n'avez rien. » Finalement, une oncologue de l'hôpital Rangueil identifia une tumeur bénigne. Joseph demanda des examens complémentaires, et la malignité fut avérée.

Avant que Ninon tombe malade, leur relation était un mélange d'affection et de pitié réciproques, une célébration triste de la chair, de ses appétits soudains, de son plaisir, de son dolorisme. Leurs phrases ne se trouvaient jamais, pourtant plusieurs fois par jour ils fondaient l'un sur l'autre, se battaient, ou alors ils se caressaient. Parfois, Joseph emmenait Ninon pour un week-end à Collioure, à Luchon ou à Biarritz. Ce fut à l'occasion d'une de ces virées qu'elle lui offrit l'harmonica promis autrefois. Le bonheur n'était jamais long ; toujours il se payait. Joseph buvait son café en faisant du bruit. Il n'apprit pas à jouer de l'harmonica. Ninon se servait des grands verres de blanc à dix heures du matin. Le jour où elle évoqua l'idée de réhabiliter la porcherie de la fermette, Joseph frappa à coups de poing dans le buffet du couloir jusqu'à ce que son bras traverse le meuble et se plante dans une pile d'assiettes. Il y eut aussi cette fois où elle invita un couple d'instituteurs qu'elle avait rencontré à l'école d'Eusébius et Florestan ; tout se passait bien, puis l'homme prétendit que Wagner était le plus grand compositeur de tous les temps, alors Joseph lui renversa la fondue de poireaux sur la tête. Une année passa sans crise, presque la paix. Joseph acheta une émeraude montée sur une spirale d'or rose, qu'il laissa dans le tiroir de son bureau.

Lorsque Ninon tomba malade, les choses changèrent. Joseph la regardait dormir. Quand elle avait assez de force, elle se levait et ils parlaient devant la cheminée. Ils rattrapaient le temps perdu. Un jour, Joseph lui offrit l'émeraude. « Cette bague, cela fait longtemps que je la sens autour de mon doigt. » « Je t'aime », déclara-t-il pour la première fois. « Je sais », répondit-elle. Et, après quelques secondes, elle ajouta : « L'amour ne répare rien. » Ce soir-là, si ça avait été possible, ils auraient conçu un enfant. Ninon mourut trois semaines plus tard. Depuis, Joseph ne parle presque plus, sauf quand Eusébius lui rend visite avec sa femme Lucie : ces jours-là, il s'ouvre, il respire, il cuisine.

Dans son cercueil, Ninon porte l'émeraude à l'annulaire de la main gauche. « Nous aurions dû nous marier », a dit Joseph trois heures avant son dernier souffle. « Jésus comprendra », a répondu Ninon. Thérèse était morte dix-sept ans plus tôt. Elle avait souhaité qu'on l'enterre dans sa robe de mariée. « Cette robe, c'est l'histoire de ma vie. Je t'avais toi, mon Joseph, et j'avais cette robe dans mon placard. C'était toi, l'homme de ma vie. Emmanuel était une promesse prise dans les dentelles de cette robe. Maintenant, je le rejoins, il va me présenter à Dieu. » Le père André était là le jour de l'enterrement, en béquilles, il râlait… En revanche, il n'assista pas aux obsèques de Ninon. Joseph essaya de le prévenir, mais un chanoine de Lagrasse lui fit savoir par courrier que l'abbé était mort d'un AVC trois ans plus tôt. « Il est tombé comme la pile d'un temple. »

Après la guerre, Vadim est devenu professeur de sculpture en Mayenne. Le mariage avec l'Anglaise avait tenu six mois. Dans les années 1950 et 1960, il rendait visite à Joseph au moins une fois par an, à la Toussaint. Il avait de plus en plus de mal à *y croire encore*. Le surréalisme n'avait plus de sens à ses yeux depuis que le réalisme était devenu irrationnel. Après 1968, Vadim vint moins souvent. Il parlait de l'Anglaise parfois, de Dounia, de Paul Éf ; de la guerre jamais. En novembre 2001, il envoya une photo des tours jumelles avec ces mots : « Le tombeau de Marcel Duchamp ». De son œuvre, il ne reste rien, à part un bronze acheté en 1992 par le Centre Pompidou : une femme nue tenant contre son ventre une méduse, appelée *Annonciation*. Le reste a été détruit à sa demande. Joseph a été étonné d'apprendre en 2003 que son ami était mort d'un cancer foudroyant et qu'il avait fait de lui son unique héritier. Venu en Mayenne vider la maison, il ne trouva aucune œuvre d'art, ni aucun message à son intention. En revanche, il récupéra un cendrier, un rasoir, une boucle de ceinturon « *GOTT MIT UNS* », des galons d'or autrichiens et le petit Jésus de la crèche de Coblence, installé dans son nid de paille sur la table de nuit de Vadim. Il donna ces objets à Eusébius et Florestan en leur révélant qu'ils avaient appartenu à leur père, à part le santon qu'il garda près de son lit.

Depuis six mois, Joseph commence à oublier le nom des choses. La première fois, c'était d'une théière. Il regardait son ventre de fer-blanc, ses oreilles, son chapeau pointu, il mit sa main à l'intérieur, souffla dans sa trompe, mais le nom ne venait pas. Trois jours plus tard, il ne savait plus dire que les grands arbres devant la fermette étaient « des peupliers ». Puis il fut incapable de nommer une coccinelle, une bûche, un tréteau, un épi de blé. Un matin, il ne savait plus qu'un chien était « un chien ». Il essaya « loup », mais c'était un chien, et « chien » ne revenait pas. Fréquemment, il demande à un voisin ou à l'épicier. À plusieurs reprises, il a même oublié le prénom de Ninon. C'est en le lisant sur sa tombe qu'il s'en souvient. « Oui, Ninon… »

Il n'oublie pas le prénom d'Anima. Dans dix millions d'années, il se le rappellera. « Elle n'est pas morte… Elle ne mourra pas… » Joseph fait souvent le même rêve : une vieille femme frappe à sa porte, elle a une robe noire. Il lui demande si elle était au *Lutetia*. « Ce n'était pas moi », répond-elle, et cela signifie : « Oui, j'étais là. »

Aujourd'hui, sur le chemin du retour du cimetière, une femme suit Joseph à une centaine de mètres. C'est la première fois en vingt ans qu'il y a quelqu'un d'autre sur ce chemin. D'abord, Joseph se demande si ce n'est pas la vieille dame de son rêve. Il ne peut pas voir son visage. Elle porte une robe noire, elle aussi. Joseph tombe une première fois : il s'égratigne les mains. Quand il se relève, il ne sait pas combien de temps il est resté à terre. La femme avance vers lui, mais la distance entre eux reste la même. Il tombe une deuxième fois, il se relève, il essaye de courir. Il entend la musique de Schumann. Les choses s'effacent : les grosses pierres, le moulin, les graviers. Il tombe une troisième fois. Au bout de ses doigts, il sent les rayons du soleil, la calligraphie de la poussière… Soudain, l'air est abondant et aqueux. Joseph a les yeux ouverts. Il se retourne, la femme n'est plus là, il entend ses pas. Il avance, il se retourne, parfois elle est là. Les mots se mélangent dans sa tête. Un liquide inonde son cerveau. Près de la femme trottine un cochon au front bombé et aux paupières cousues. Joseph essaye d'accélérer. Sous ses pieds, les herbes sèches craquent. Les mots s'enfuient comme de l'eau. Dans le creux de sa main, il a l'impression d'avoir tout ce à quoi il a donné un nom au moins une fois dans sa vie : le bois, la terre, la corde, les draps, le fer, la paille, le verre, la crème, le papier… Les harmonies de Schumann se décalent. Une porte s'ouvre. Enfin, la vie devient autre chose : une chose sans nom, que pour cette raison jamais rien ni personne ne pourra oublier.

Gratitude

Je tiens à remercier Jeanne Grange, Philippe Robinet, Camille Lucet, Valérie Taillefer, Virginie Ebat et Cécile Rivière, pour leur enthousiasme, leur exigence et leur amitié ;

Octave dont j'ai prêté la sensibilité et le courage à Joseph Portedor, et qui sera toujours pour moi un modèle ;

Romane, qui m'a appris à mieux voir les choses : leurs contours, leurs couleurs, leur texture ;

Mahault, qui m'a montré ce qu'il y avait derrière les façades du Temps : la substance, l'énergie ;

Et Daphné, origine et destination de tout ce qui, en moi, a raison d'être.

Toulouse, 24 mars 2024,
au soir du dimanche des Rameaux

Photocomposition Nord Compo à Villeneuve-d'Ascq

Achevé d'imprimer en août 2024
par CPI BRODARD & TAUPIN (72200 La Flèche)
pour le compte des Éditions Calmann-Lévy
21, rue du Montparnasse, 75006 Paris

CALMANN LEVY s'engage pour l'environnement en réduisant l'empreinte carbone de ses livres. Celle de cet exemplaire est de :
550 g éq. CO_2
Rendez-vous sur
www.calmann-levy-durable.fr

PAPIER CERTIFIÉ

N° d'éditeur : 8325648/01
N° d'imprimeur : 3057636
Dépôt légal : août 2024
Imprimé en France.